BEDOUIN

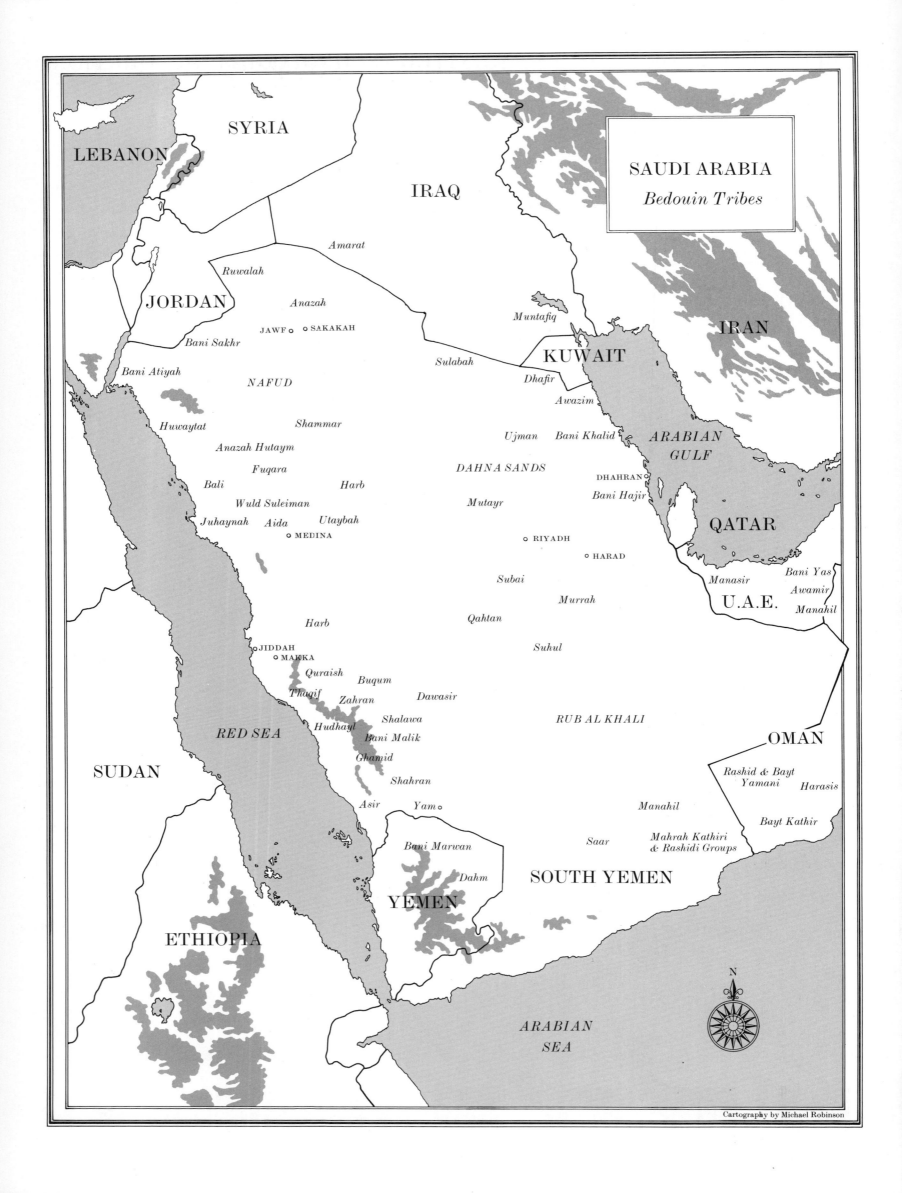

PUBLICATION MADE POSSIBLE BY UNITED TECHNOLOGIES CORPORATION

STACEY INTERNATIONAL, LONDON

PHOTOGRAPHY AND TEXT
BY WAYNE EASTEP

We want to express our special thanks to:

The Kingdom of Saudi Arabia for permission and encouragement.

United Technologies Corporation for the grant which made possible the publication of this book. Ed Simon and Milton Hinshaw, both UTC executives, were particularly understanding and helpful.

Tom Dybdahl and Judy Rittenhouse for help with the text.

The Alerq, Al Amrah, and Shammar for making us welcome and allowing us to participate as family in the routine of their lives. We will never forget their hospitality.

We wish to share the credit for BEDOUIN with the following people:

Abdulrahim Abdeen
Major Naser Alerq
Ayman Aloustaz
Dr. Muhammad Abdelaziz Al Alshaikh
Dr. Muhammad Soliman Alsodais
Dr. A.R. Al Ansary
Eve Arnold
Muklog Al Assaff
Dr. Muhammad Bakala
Dr. Faisal Saffooq Al Basheer
Abdullah Al Bassam
Derek Birdsall
Thomas Braise
Larry Chiger
Claire Cosner
Patricia Eastep-Codispoti
Burt & Elena Glinn
Peter & Beryl Grix
Ernst Haas
Col. Charles Hepworth
Dr. William Lancaster
Jay Maisel
Dr. Abdullah Masry
Major Saleh Al Nafie
Colin Paddock
Eng. Ahmed Salloum
Prince Sultan ibn Salman ibn Abdulaziz Al Saud
Prince Abdullah ibn Faisal ibn Turki Al'Abdullah Al Saud
Peter and Greer Silvia
Shaikh Abdul Mohsen Salman Al-Somari
Dr. Abdulaziz Al Soweygh
Bill Stettner
Sultan ibn Abdurachman Al Sudairi
John M. Topham
Tony Warren
Philip & Bailey Winder
Dr. Abdullah Al Wohaibi
Dr. Juris Zarins

Along the way we invited you to participate with us in this creation. You accepted. We hope you are proud of the results. Thank you.

WAYNE & PATTI EASTEP

Publication made possible by United Technologies Corporation
Published in English and Arabic by United Technologies Corporation
Text and photographs by Wayne Eastep
Designed by Derek Birdsall RDI and produced by Martin Lee
Filmset Monophoto Modern 7 and Clarendon 12 and
printed in England by Balding + Mansell Limited on Ikonolux Gloss paper using Inmont inks
All rights reserved

This trade edition published by:
Stacey International
128 Kensington Church Street
LONDON W8 4BH
Telephone: 221 7166
Telex: 298768 STACEY G
ISBN 0 905743 40 7

The independence, integrity, and generosity of spirit of Saudi Arabia's Bedouin people make that society one of the world's most admired. We are proud to be able to present this pictorial record of a great people.

Harry J. Gray
Chairman
United Technologies Corporation

In the spring of 1983, United Technologies commissioned photographer Wayne Eastep to document on film the everyday life of a Bedouin tribe in the Saudi Arabian desert. Both the narrative and the photos on the following pages are the results of that assignment.

We left Riyadh at 10:00 a.m. and drove almost due East for five hours. By the time we reached our destination – an Al Murrah Bedouin camp on the edge of the Dahna Sands – the temperature was 122°F.

The Arabs were expecting us. Even before we could get down from the jeep, members of the family were upon us. I was surrounded by smiling, talking men, and guided toward the *majlis*, the main living area of Shaikh Jabbar Al Amrah's tent. I looked back over my shoulder and saw Patti being led away by the women. I had no chance to say anything before she disappeared.

Over the next three hours, with numerous small cups of Arabic coffee, they welcomed me to the camp. There were formal introductions all around – again and again. As my apprehension subsided, my halting Arabic gradually returned, and I was able to tell them a little about myself. I could not understand much of their conversation, but one thing was clear: I was warmly welcome.

Patti had a harder time of it. The women invited her into their section of the tent, the *alshiig*. They were all wearing face veils, so only their eyes were visible. Fifteen of them sat in a circle staring at her. She had dressed like a Bedouin woman and was very uncomfortable.

The women introduced themselves, and then asked her to repeat their names. But the names were all strange, and there were no faces to tie them to, so she could not get them right. They drank green coffee, and asked her questions about her jewelry and clothes. They touched her arms, her face, her hands, and asked questions about her children and her dowry. "You have no dowry?" they repeated, incredulous.

As evening came on, the temperature began to drop toward the nighttime low of 90°F. They put up a tent for us, and helped us unload. Then it was time for supper.

Ever since I had first visited Saudi Arabia two years earlier, I had hoped to travel with the Bedouins and photograph the everyday events of their lives.

In the end, it was a set of lucky coincidences that brought us to the desert. At the annual camel race in 1981, I happened to photograph a striking Bedouin major. I did not know him, and he did not know me. Some months later, I was showing the photographs to Colonel Charles Hepworth, a member of the British Military Mission, and he recognized the man.

"That's Major Saleh, director of officers of the National Guard," he said. "Why don't you send him a copy?" So I sent the major a print, and some months later had the chance to meet him. I told him of my hope to live with the Bedouins. He promised to help.

He introduced me to Major Naser Alerq, one of the leaders of the Al Murrah tribe. In two day-long visits to Major Alerq's camp, we discussed the idea. I told him that I would like to live with a Bedouin clan and make a book of pictures about nomadic life. Convinced of my sincerity, he not only gave his permission, but also guided me through the process of selecting a clan he knew would be amenable.

He told me he had agreed for two reasons: first, he liked my pictures. Second, and more importantly, he said that a visual record of Bedouin life was needed. "Our people have lived the nomadic life for thousands of years. Now that is changing. We want our children to remember the old ways." The only conditions were that I not bring an interpreter, and that I live as a Bedouin.

Patti and I tried to prepare. We took a two-week intensive Arabic course in New York, read all the books we could find, and talked to people who had direct experience with the Bedouins. They warned that the desert would test us, and that the people would test us as well.

The testing began as soon as we were on our way. Our guide was Naser Al Amrah, one of the leaders of the family we would live with. Shortly after we left Riyadh, we turned off the road and headed into the desert, at speeds of 40, 50, sometimes 60 miles per hour.

We lurched along, over boulders and sand dunes and dry washes. Pieces of luggage came flying into the front seat, sometimes hitting our heads and making driving difficult. Yet our guide tore ahead. We kept up with him, but barely.

Bedouin hospitality is legendary. We found it to be real from the start. We had brought no rugs or mats for the tent, so the shaikh gave us his two finest rugs. Days later, we realized he was using only thin mats in his tent. He had not asked for the rugs back, even though he had to entertain other visitors without them.

After they set up our quarters for us, they set about getting to know us. We were so foreign that with formal politeness and almost child-like directness, they began to question us about our lives. The Al Amrah were opening their camp to our camera; it was not unreasonable for them to examine us in return.

But there were two things about us that troubled them deeply: we are vegetarians, and we have no children.

The Bedouins normally eat one large meal each day, in the evening. Rice and lamb is the usual fare, served on large platters. Eight or 10 people cluster around each platter and eat with their hands. Everyone eats together, and the women in different families take turns cooking, so food preparation is spread around.

The first evening, as I sat down to eat with the men, I helped myself to some rice and explained that I do not eat meat. They expressed surprise, but let it pass. When arrangements had been made earlier, I had told Major Alerq that we were vegetarians, and I assumed that he had notified the group.

But the next evening, as the meal progressed, pieces of meat began to come my way. The lamb is normally cooked in sizeable chunks, and it takes some skill to separate the meat from the bones. The men were removing prime sections from the bones, and edging them in front of me, so that I might enjoy the best food without fumbling for it. As choice pieces began to pile up in front of me, I knew I would have to say something. So I told them again that I was a vegetarian. They threw up their hands and nodded.

Over the next few days, with some variation, the scene was repeated again and again. They offered us lamb. They even volunteered to slaughter a camel, or obtain some beef or fish. Over and over we explained that we do not eat meat. We told them that Patti had never eaten meat, and that I had been a vegetarian for 17 years, and that if we ate flesh it would make us sick. Nevertheless, they would try again and again later.

We were well into our second week when we hit upon an explanation that finally satisfied them, and that was only partly false. I told them in my broken Arabic that I believed we understand God with our minds, so they must be kept clear to communicate with Him. And when I ate meat, it had a bad effect on my body, and inhibited my ability to relate to God. I avoided meat for the same reason that they avoided food forbidden by Islamic law, such as pork – devotion to God. As deeply religious people, they understood that, and the subject was closed. And when we later moved North to live with the Shammar Bedouins, this explanation proved satisfactory.

Being childless was another matter. Bedouin families are large, and 10 or more children in one family is not uncommon. Children are loved, cared for, and disciplined by the extended family, and it was not until near the end of our stay that we could say with certainty which ones belonged to which father and mother. So our hosts immediately wanted to know how many children we had, and where they were.

We told them that we had decided not to have any children. We said that our lives were very busy, that we both had careers, and that we did not want to have children unless we made time for them.

The women, especially, wanted to know more. The matriarch of the camp, asked Patti the same questions over and over. "Why don't you have children?" Then she would try a new tack: "How long have you been married?" Fifteen years, Patti would say. "Is there something wrong with you? Does Wayne have other wives?" Our answers never satisfied them.

The people did all they could to make us feel welcome, but it took some time for us to feel at ease.

As aliens in the land, largely unfamiliar with their culture, we were afraid that we might inadvertently do something that would be terribly insulting or offensive. We probably did. But they were forgiving of our ignorance, and we gradually relaxed.

There were some difficult adjustments, however. In the beginning, one of the teenage girls took special delight in teasing Patti. Whenever anyone new came into the alshiig, she took Patti's burka and flung it up over her head, showing Patti's face and making her look like a pirate. If Patti was wearing dark glasses, she snatched the glasses off first. Although the girl was being playful, this was frustrating, and it also took some time to rearrange things and get the veil back on properly.

Patti wasn't quite sure how to stop this behavior without causing a scene. But one time when the girl flipped up her burka, Patti returned the favor, exposing the teen-age face.

She was outraged, and several women came to her defense. "You shouldn't do that," they told Patti sternly. But Patti stood her ground. "She shouldn't do that to me," Patti said, rubbing her index fingers together in a typical Arab gesture that translates as "same/same." They raised their eyebrows and nodded, and the teasing stopped.

One evening, about the end of the first week, the women gave Patti a special invitation to visit the alshiig. When she came inside, they brought out a native dress and insisted that she try it on. It fit. The women gathered around, smiling and touching her. "Now you are part of our family," they said. "You are Patti Al Amrah."

Circumstances had made it necessary for us to come to the desert in the summer, and living through the hot part of each day was an ordeal. Our thermometer went up to 125°F, and by late May it burst. Between about 11:00 a.m. and 3:30 p.m., even the camels lay down. The desert broiled, and we seemed surrounded by a white noise.

The heat was like a slow dream that we couldn't wake from, yet we felt that if we didn't wake up we could not make it through one more hour. We measured the hot part of the day in minutes, thinking:

"I've just made it for 30 minutes. In another 30 minutes it will be two o'clock, that's more than half way there. But I'll never survive until two."

Patti tried to read when it was too hot to sleep, but the heat made us fuzzy-headed and slightly off-balance. Waking from four or five minutes of delirious sleep, she'd be completely drenched with sweat on the side of her touching the mat. And then, just sitting up was an effort. So was making love, even when it cooled off to 100°.

Our lips and noses became dry, and like all the Bedouin adults, we carried tissues everywhere. Our mouths hurt at the corners where they cracked and our cuticles dried out and split.

After several weeks, when we had adapted somewhat to the heat, we kept track of our liquid intake for one week. This is what the two of us drank:

24 8oz. bottles of Perrier
24 cans of Pepsi
15 gallons of water
12 8oz. bottles of orange juice
5 quarts of Tang or orange drink
56 demi-tasse cups of Arabic coffee
80 demi-tasse cups of tea
15 quarts of camel's milk
2 cases of oranges, juiced
16 cups of ginger spiced tea

The greatest relief came from pouring water over ourselves, head to toe, and letting the wind dry us through our clothing. And when we had survived the hot part of the day, our energy returned with a rush as the heat broke. Then we wondered why we'd thought the hot part was so bad, that it couldn't possibly have been that intense, until the next day at noon we were reminded. Somehow the evening cool obliterated the memory of the heat.

The hot part of the day was worse if one of us wanted to be alone. Our little four-sided tent was a virtual oven, and it was suicide to venture out onto the sand. The *bait*, the open-sided community tent, was the only reasonable place to stay because that's where you might catch a breeze. But the *bait* was full of people.

And we were never alone, except when performing bodily functions. The Bedouins do not go in for solitary activities. The desert is very large, and the Arabs are relatively few. Something in that expanse seems to push them together. Whenever we went off alone, especially at first, someone would come to see if we were all right.

We would get up in the morning, for instance, and drive off to take some pictures. Often, before I could set up, one or two truckloads of Bedouins would appear. Partly they were curious, and wanted to watch me work. But mostly they came because we were guests, and they wanted to be with us.

When the women first came to visit Patti, they would inventory our possessions, and rummage through our suitcases. It was unsettling at first, but for them it was just another way of getting to know us. In time, we became used to the closeness. They, in turn, came to respect our need for privacy, even though they did not share it.

Our first night with the Shammar, we met one of the camp elders who seemed especially friendly, and we asked if we could stay near him. He readily agreed, so we found a suitable spot about 200 yards away. As we set up, he came over to watch. "Why are you pitching your tent in Tabuk?" he asked, naming a town about 300 kilometers away.

Even though our Arabic was limited, our hosts appreciated our efforts to use it. They were patient and helpful, and continually tried to teach us new words and phrases. We had planned to study our book regularly, but in the heat we had no energy even to read, let alone study a new language.

One evening we had a guest, an Al Amrah relative who was working in the oilfields. He sat next to me, and quizzed me at some length about what we were doing there.

He was fluent in English, so that is what he spoke. I answered in Arabic, partly because I wanted to practice but also so that the others might understand me. After awhile, he became impatient with my Arabic and demanded: "Why don't you just speak English?" I muttered something about trying to improve my skills, and kept talking. So he asked again, more pointedly this time.

Immediately several of the elders interrupted, telling him to stop. Then the shaikh cleared his throat and made an official reprimand. "These people," he said, "have come here as our guests. They eat the food that we do. They sleep in the sand as we do. They travel as we do. They live in the hot sun as we do. They try to understand us. They try to speak our language. Do not insult them."

One reason for the relentless questioning we often encountered is that the Bedouins love to talk. The desert has left them to their own entertainment, and conversation is the greatest art of the Bedouins. The abiding disappointment during our stay was that our Arabic was too limited to follow most normal conversation, so we could not share their stories and poems, and we missed most of their gossip.

But we were able to enjoy their delightful sense of humor. I never heard them tell a joke, in the Western sense, but they managed to laugh at almost everything. I suspect the biggest contribution we made during our stay was amusement.

We were slow learners. Once, during the hot part of the day, Patti needed to get something from the jeep, which was about 20 feet away. Halfway there she realized her feet were burning. She had forgotten her sandals. For a moment, she could not decide whether to run for the jeep or the tent, and then shot back into our tent. As she ducked inside there was hearty laughter all around.

Another afternoon, a pleasant conversation was interrupted by a pop, followed by a loud hiss. Quickly sizing up the situation, Naser said a few words in Arabic, and two men jumped up and ran toward our tent. I followed in time to see them tame the runaway hose from my propane fuel tank. I had left the propane hose in direct sunlight, with the valve open and pointing toward the tent. The sun had heated the rubber hose, causing it to expand and burst the seal. Naser patiently explained all three errors, and I assume the story became part of Bedouin folklore.

Among my equipment I had a large kite to take the camera aloft for aerial shots of the encampment. Late one afternoon after the heat had broken, I brought out this device, thinking I might entertain the children. They were fascinated as I inflated it, and let it slowly rise. The fun was just beginning when the shaikh strode out of his tent.

"Get that thing down," he said politely, and I hauled it in. When it was back on the ground, he asked me not to use my brightly colored kite again. He explained that it would frighten the animals, and he did not fancy a stampede of 1,300 camels and 700 sheep.

The Bedouin day began at 4:30 a.m. with the first call to prayer. "Allah Akbar" they cry – God is great. Then the men assemble at a spot where a mosque has been outlined on the desert ground, bow toward Makkah, and recite the prayers. Some go back to bed again when the service is done, but most turn to their chores. There are horses, sheep, dogs, goats, and camels to feed, and coffee to brew.

The coffee is made from green beans, lightly roasted in a skillet, then ground in a brass pestle with fresh cardamon. On our first mornings, the ringing of brass on brass sounded to us like music in the desert. They loaned us the necessary equipment, and we were soon toasting and grinding our own.

One morning, enthralled by the task, I let the mortar swing freely against the sides of the bowl again and again. I looked up from the work to see people from all over the camp heading for our tent. Ringing the metal pestle is an invitation to morning coffee for everyone.

There were about 150 people in this camp, a clan made up of the families of 10 Al Amrah brothers. The 10 or 12 tents in the camp were usually spread out over one or two kilometers, to allow grazing space and minimal privacy. When people went visiting, they would announce their approach by coughing or clearing their throats, then stand at the tent entrance until they were invited inside.

One afternoon, as I was standing naked in a large metal bowl taking a bath, we heard a forced cough, then a call, and then the sound of many footsteps. Guests were on the way. Under pressure to perform, neither Patti or I could remember the right words of Arabic.

In the absence of other options, Patti grabbed the tent flaps and held them together. I got a towel and began to shuffle through our language cards. Our visitors knew we were at home, and stood outside clearing their throats. After a long minute, Patti managed to say something like "my husband is washing his body." They understood, and discreetly retreated.

As we adapted, we fancied that we were part of the Al Murrah tribe. When we saw Bedouins in the desert, people we hadn't met, we approached them without apprehension. We came to expect any contact with a Bedouin, friend or stranger, to be good. When we went to Riyadh periodically, I felt that I did not belong. I identified with the Bedouins and felt alien to the city people.

The Bedouins have a self-confidence that is truly aristocratic, and that puts them at ease anywhere. I think this confidence comes from the knowledge that they thrive where most people think that humans could not even survive. The basic problems of their existence were solved generations ago. The Bedouin are proud and independent, I think, because they have such complete knowledge of their part of the world, and their place in it.

The Bedouin attitude toward possessions is shaped by the desert. Whatever is necessary for survival is treated with utmost care – even reverence. Toward everything else, including money, they are relatively indifferent.

This clan had a school, complete with desks that might have come from PS 46 in Brooklyn. Every morning the young boys would assemble in the school tent for classes with a Sudanese teacher. When the camp was moved, the teacher and his students took down the tent and literally threw the desks into the back of a pickup truck. They weren't deliberately trying to destroy them; it was just the quickest way to load the truck. A few dings didn't matter on the Bedouin scale of life's priorities.

Toward their camels, the Bedouins were tenderly solicitous. During migration the camp moved every few days, always in search of pasture. The herders would start early, driving the animals slowly in the cool of the day. They never went more than 25 kilometers – a good day's camel ride. Without these animals, life in the desert would be impossible.

Camels not only survive on little water, they eat thorn bushes and give good quality milk: high in nutrition, low in fat, pleasant tasting. And the meat is reputedly excellent. Once, for the wedding of one of the clan members, the Al Amrah slaughtered one of their herd.

They selected the victim, a mid-sized male, and two or three of the men approached him. The animal sensed what was about to happen and raced off. Finally they ran him down, dragged him apart from the rest of the herd, and made the kill.

Two days later, one of the clan elders asked to speak with me about the slaughter. He was concerned that my pictures might suggest that the camel was being treated cruelly. "We had to separate him from the others for their sakes," he said. "If the other camels had seen us kill him, it would have frightened them badly. We did not want any of them to suffer unnecessarily."

The family might well give a camel to a friend in need, but they would not sell one, despite the fact that they had a large herd. The only exception I know was a wealthy breeder in Riyadh. He saw some of their fine camels and asked to purchase one. At first, the Al Amrah refused. But when the price reached 500,000 Riyals (about $150,000), they agreed to the sale. They did not need the money, but they said the amount showed that the breeder was serious, and that he would likely take care of such an expensive investment.

The Bedouins are so generous that it is risky to show too much interest in any of their possessions. If you fuss over something, tradition dictates that they give it to you. Whenever they exclaimed over my camera equipment I felt a bit uneasy, but I never offered them any lenses.

When they receive a gift, however, they offer only perfunctory thanks, or none at all. Just before we left, I gave young Jaber an expensive medical kit. I cannot remember if he said anything. Because the Bedouins share everything within the family group, they do not show special attention to a specific gift. For the same reason, while highly affectionate, they are not overly solicitous toward their children, especially the younger ones.

Saudi Arabia is a conservative society. All Arab women must be veiled in public. Women are not allowed to drive on the roads, and they attend special schools. The few professions open to them are those where they need not have regular contact with men, such as teaching and medicine.

So we were surprised that the women played a central role in the life of the camp. Initially, whenever I was visiting one of the Bedouin tents, the women remained in the alshiig. But as we lost our visitor status, they gradually joined the conversations, expressed their views, and were listened to and questioned with respect. Under Islamic law, a man may take four wives, but only if he has the wealth and ability to treat them all equally. None of the Al Amrah in our camp had more than one wife.

Under normal circumstances, the Bedouins observe clear division of labor: the women handle the cooking and camp setup, while men care for the animals and control communications outside the camp. We did not always follow suit. Women usually carry the water from the truck to their tents, but because the containers were too heavy for Patti, I carried our water. At first they just teased me – "You shouldn't be fetching water." Finally they told me bluntly that this was not men's work.

Several Bedouin tribes trace their lineage back to the Old Testament. The tribes in the South, well protected by trackless deserts, changed little through the centuries. Even today, the Al Murrah and their neighbors are considered to be conservatives. In the North, where there was a great deal of commercial contact with other parts of the Arab world, the Bedouins are more cosmopolitan, at least by Saudi standards. Women there, for instance, often work in the alshiig without wearing their burkhas.

It is only within the last three decades that significant numbers of foreigners have penetrated into Arabia, and oil wealth has transformed the country. The Bedouins have not resisted progress, but in a very basic way they have remained unchanged.

They cherish their camels, but they have no qualms about switching to pickup trucks for transportation. Many tribes still need wells, but most have water trucks. If there is a modern way to cope with an old problem, they have adopted it. Life in the desert is hard enough as it is.

So far, at least, driving jeeps and wearing dark glasses have not changed them very much. By their own reckoning, the Bedouin view of life, their values, their love of the land, remain constant.

Progress makes Arabia a land of fascinating sights. We saw camels riding in pickups, Pepsi cans littering the desert, air-conditioned Mercedes parked in the shade of tents in the middle of the sand, veiled women gunning their jeeps around the school tent so their children would be on time.

The old ways survive as well. To untrained eyes, the desert has a drab sameness. To the Bedouin, it is a place of variety and wonder. They have names for the different kinds of sand, and for each type of meager grass. They note the smallest change in the shape of a dune, or the stones in a *wadi*. The men in our camp enjoyed long drives through the desert – to look for rabbits, to find a new grazing spot. Often they invited us to join them.

When it was time to return from these wanderings, they liked to ask us for directions. "Where are the Arabs?" they would say. "Which way should we go?" We would look around, although every direction looked like every other, and finally point tentatively.

Sometimes they headed off the way we had pointed, even though it was wrong. Other times they said "What about this direction?" pointing the opposite way. And when we got it right, they smiled and whooped and raced off to tell the others.

The Al Murrah are noted throughout Arabia for their tracking ability. Many of them could look at a camel footprint, for example, and tell how old the camel is, when it passed, how much it was carrying, and something about its physical condition. One of the Al Amrah brothers is sometimes asked by the government to help in criminal cases.

There had been a murder in the north, and the only evidence of the killer's identity was a footprint in the sand. Saleh Alerq was flown to the scene, and spent some time reviewing the print. But over several weeks, efforts to find the criminal were unsuccessful, so he returned home.

One year later he was in the north again, and on his way to a mosque with the Governor of the province. Suddenly he stopped, pointed to a footprint, and said: "That's the murderer." After prayers, the authorities made the worshipers exit one by one. The unsuspecting killer was apprehended and subsequently confessed.

The Bedouins are strict Muslims, and prayers are an integral part of their day. Normally, they pray five times daily; however, when migrating, Islamic law permits them to consolidate the five prayers into three. They are not evangelical about their beliefs, however, and made no attempt to convert us.

The second day, they invited me to join them for prayers, and I accepted. I told them that I was not a Muslim, but that I considered myself a spiritual person and would worship with them. But this ecumenical endeavor was broken by the Sudanese school teacher. He was a friendly and gracious man, yet he was disturbed by the fact that an unbeliever had joined the prayers. He spoke with the elders, and it was clear they had no choice. Because he had raised the issue, they had to acknowledge that I should not worship with them.

We really felt like part of the family when they started playing tricks on us. Once we were honored by a visit from Rashid, one of the shaikh's brothers who now lived in Qatar. He joined us for the evening meal, and because he spoke excellent English, we had a very pleasant conversation. Then, during a pause, he turned to me and said, "I'm very insulted by your behavior this evening."

A terrible fear grabbed me. I tried to think what I might have said or done to offend him. I was so stunned I didn't know what to say. So after a pause, Rashid continued. "I'm terribly insulted that you did not ask to meet my wife."

I quickly tried to recover. "I'm sorry for my rudeness. I would very much like to meet your wife."

He led the way into the next compartment of the tent, called out to the women in the alshiig, and several of them came in. One stepped forward, and we began to go through the introduction ritual.

I tried very hard to remember the Arabic, to show a friendly interest but not appear unduly familiar, or try to look too closely at her veiled face. I did not want to add insult to insult. When the introductions were finally over, he stepped forward, took hold of her burka, lifted it up, and smiled. It was Patti, wearing a dress that the women had given her.

After six weeks with the Al Amrah clan, we had a tearful parting. Feeling like veterans, we headed North for about 1,500 miles and joined a camp of Shammar, another Bedouin tribe that lives in the Northern Desert, the Nafud.

Because of poor scheduling, we had barely a week with these people before returning to Riyadh. But in that time we managed to leave a lasting impression.

A few days after our arrival, we were wakened in the night by the sound of jeeps racing about. The next morning, as the camp gathered for coffee, we learned that a fox had gotten among the flock and killed two sheep.

It happened that just the day before, Patti and I had been scouting in the desert for some photogenic locations. On one of our trips, I saw several holes in the side of a sand dune, and remarked that they looked like foxholes. But we didn't investigate any further. Now, I put events together and concluded that the culprit may have come from there. Without thinking, I said: "I may be able to help you find the fox."

They smiled and winked at each other, and went on talking. But at about four that afternoon, the shaikh and his son pulled up to our tent in their truck. "Show us the fox," he said simply. They had come to call my bluff. With some misgivings, Patti and I climbed into our jeep and headed toward the spot we had seen the holes.

It was about two miles away. As we approached the place, the fox ran just in front of the shaikh's truck and dove into its den. He stopped immediately, looked back at me in wonder, and proceeded to suffocate the animal by building fires at each of the openings. Over supper that night the story was told over and over, and our skill was attributed to having lived with the Al Murrah.

In a way, it seems false to describe our time in the desert as pleasant. The heat was unspeakable, we had bouts of sickness – Patti, especially, had hardly a day of full health, and there were a host of major and minor discomforts.

Looking back, it seems that all the good things happened when it was cooler and all the bad things happened when it was hot. There were millions of flies when it was hot. Although the mature thing would have been to say "Oh well, just a few flies," we seemed to be swatting and cursing them the whole time. One day we had three sticky fly catchers hung in our tent at once, and every square inch of them was covered with flies in varying states of life and death. The Bedouins thought fly-trapping was funny, and silly, too. But they sort of humored us and left us thankful for that.

And so both of us have the same response to our Bedouin experience: we want to return.

Some of the reasons I don't understand. But some of them are simple and plain. In that hard land, life is pared down to the essentials. What is cherished and nurtured is what is necessary for survival – friendship, hospitality, simplicity. On our first visit, we learned we could survive in the desert.

Now we wonder if we would enjoy living there; if perhaps we are ready to join the Bedouins.

H.R.H. Crown Prince Abdullah Bin Abdul Aziz, Deputy Prime Minister, and since 1963, Commander of the National Guard. His Royal Highness cherishes the desert and company of the highly regarded Bedouin; believes in their civilization and perceives its great concepts. An avid reader, courteous, highly respected.

Overleaf: Lunch with H.R.H. Crown Prince Abdullah at the opening of the National Guard Military Academy.

Dance and war song at the wedding of Mohammed Alerq.

Shammar Shaikh on the left. He is heading the establishment of a permanent settlement at Al Murut in the Nafud.

A pre-wedding feast honoring Mohammed Alerq (the groom). This special meal is camel meat and rice.

Overleaf: Gathering at the wedding of Mohammed Alerq. Social protocol demands that everyone sit in a circle.

Previous page: Morning after the wedding party for Mohammed Alerq.

Mohammed and Faisal Al Amrah napping during the hottest part of the day. The temperature was 125°F.

During migration, a tarp is put up as shelter from the sun. Tents are pitched only when the Bedouin are staying in one place for a few days.

Conversation among the Bedouin is an art form.

The Bedouin are great story tellers. Their animation is surpassed only by the expressiveness of their language.

Abdul Mohsen bin Futais Al Murrah, a poet of the Alerq clan of the Al Murrah tribe.

Mohammed Alerq and Nasser Al Amrah in a typical greeting between equals.

Murie bin Mohammed Al Murrah brought us a bag of truffles from the desert!

Shaikh Fraywan Shaalan of the Ruwallah has settled on this farm at Zalum.

December through March, the weather can be cold. This man is wearing a farrwa, wool with fleece lining.

Rashid Sakhefan of the Al Murrah was the driver for King Khalid.

Jaber, Shaikh of the Al Amrah, with his youngest brother Faisal.

These men were camped at Jinayderiah for the annual camel race.

These young men were competitors in the 1983 camel race at Jinayderiah.

These images of the Bedouins may give the impression to Western people that the extent of their knowledge does not exceed desert trails and camels. My experience with them provided the opportunity to explore their concepts of life, the universe and how they imagine the creator. Their actions and thoughts convinced me that they represent what is truly civilized.

Sunrise at Jinayderiah, site of the annual camel race.

In March the annual camel race is held at Jinayderiah outside Riyadh. Approximately 1,700 camels race 21 kilometers. All who finish the race are awarded prizes.

Competitor at the annual camel race at Jinayderiah.

Camel market.

Nasser Al Amrah has an extensive vocabulary of sounds and words used to communicate with his camels.

The Bedouin find pleasure and take pride in their camels.

Camel's milk tastes similar to cow's milk, is rich in protein, low in fat, and high in vitamin C.

Dahna Sands, camel pad print.

Footprint of Nasser Al Amrah.

Prior to printing the book I took the layouts to Arabia for review by the Bedouins. The members of the Al Amrah had not seen any of the photographs. The version they were looking at had only English captions, which they could not read. When they turned to this image they spontaneously responded, "Ah, Nasser Al Amrah!", recognizing this image of his footprint as quickly as one would a family member's portrait.

In early morning, camel couples snuggle, cajole, and "talk" with each other.

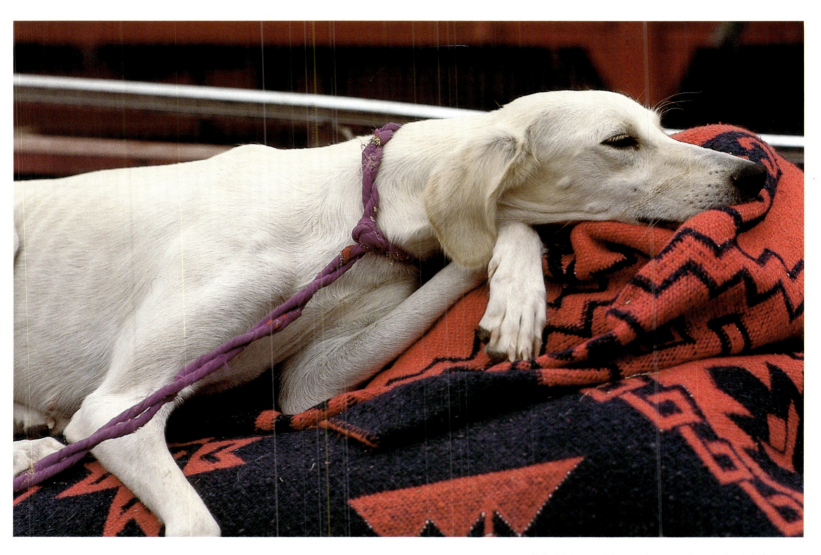

Saluki is used to flush game hunted with falcons.

Misfer bin Mohammed Al Murrah, with his falcon. The Bedouin capture migrating falcons in the fall and train them to hunt rabbits and fowl.

Arabian horse.

When eggs were brought from town, an **Al Amrah** lady would cook omelettes for breakfast to accompany fresh bread, beans and hot camel milk.

Arabic coffee: Lightly roast green coffee beans until tan. Crush with mortar and pestle, brew 15 minutes. Add ground cardamon, let stand five minutes. Should be green in color and will not taste like American coffee.

Typical meal of lamb and rice called kapsa. The main meal of the day is eaten communally.

Breakfast among the Shammar. Tomatoes, onions, macaroni and a crepe-like bread for dipping.

Mohammed bin Salem Al Murrah drinking hot camel's milk mixed with tea at breakfast.

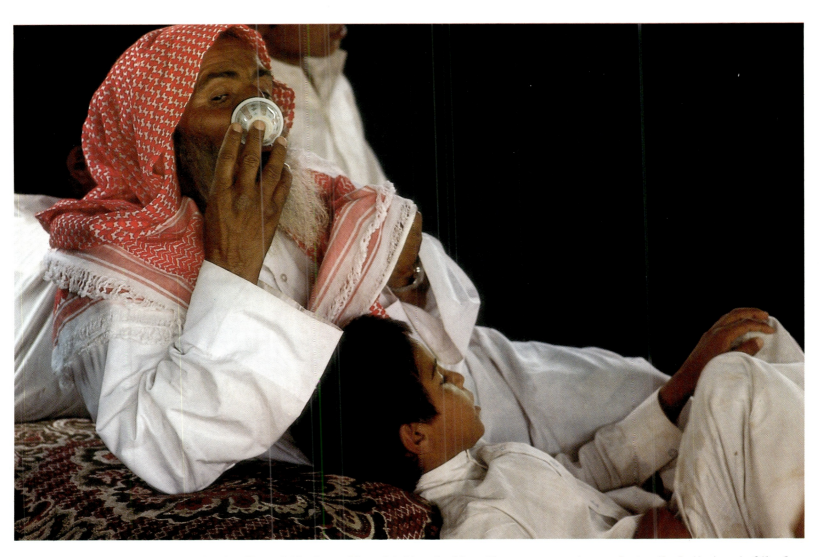

Shaikh Hamad bin Amer Alerq drinking Arabic coffee, ever present, even during the hottest part of the day.

Coffee and tea pots.

Preparation of Arabic coffee.

The Bedouin wash before and after eating. They take special care to be clean and regularly put on perfume after washing.

When water is not readily available,
Hamad bin Jaber Al Amrah washes his hands with sand.

Seven year old Anoud, daughter of Mohammed Al Amrah, holding a bundle of camel hair to be used in weaving.

Hulla Greeyet, 12 year old Shammar girl in the Nafud (Photograph by Patti Eastep.)

Shammar ladies in the Nafud.
Handmade sheep's hair weaving in foreground.

Ruwag (dividing wall) detail: good morning greeting. Woven by an **Al Amrah** lady.

Ruwag detail woven by an **Al Amrah** lady.

Sakakah. The souq (market) of the Bedouin. This store of Mohamed Kasem is selling pads used for sleeping.

Abdullah Al Atteig provides the Bedouin with herbs, pigments and weaving supplies at his shop in Sakakah.

Henna – used to condition the hair and decorate hands.

In a conversation with an older Bedouin woman who is typical of Bedouin women in Arabia I asked, "How do you live, what do you think about, what is the relationship like with your husband? How do you see God? Are you religious? What are your thoughts about this country which took you down from the camel's back, dismounted your husband from his horse and changed the features of the desert? Have you flown in a plane? Do you watch TV?"

Flanked by her daughters she smiled and said, "All things happen by the grace of God and divine fate. You haven't created anything, everything was created by God, and the human being is his greatest creation. I live with my husband in love based not on materialism and instinct but rather on our concept of the Divine Law of rearing a family in order to build a society of high ideals. I don't eat my fill or dress my best when my neighbor goes hungry or naked. Nor do I ride the camel and let my neighbor walk on foot. Our society is that of giving, of love and peace. My camel did not disappear nor did my husband abandon his horse. I am a Bedouin woman and never went to school, but my daughters did. We accept what the world has offered and adapt it to our needs. The veil I wear does not exhaust my mind, nor does it cast doubts upon my integrity; but I use it to protect myself against the winter's cold, the summer's heat and dust of the desert." When I asked her if she works with men she said, "Yes, together we herd sheep and protect them from the wolves and other wild animals. When our men fight we fight with them. We are not idle like desert stones." Once again I asked, "Have you visited the cities?" "Yes," she said. "Before petroleum, there were no such towns. The women of these towns are our sisters, and as far as tradition and customs are concerned we are all equal. They are our own who will give birth to men and safeguard the camel. The camel, whether there are airplanes, cars, or spaceships, is still the same as it has been through history. Change is the law of life. In the past we envied the birds for their wings, now these wings are weak and the birds envy man".

She then called her young daughter and asked her to bring her prayer rug, saying "Leave me alone with my creator".

The Shammar women wear decorative tattoos on their faces and hands. (Photograph by Patti Eastep.)

Women socialize with men in the majlis when there are no strangers in the camp.

Anoud Al Amrah.

Ali son of Nasser son of Mohammed Al Amrah.

Nafah Greeyet, of the Shammar, in the Nafud.

Jaber Al Amrah in front of his cousin's Qur'an.

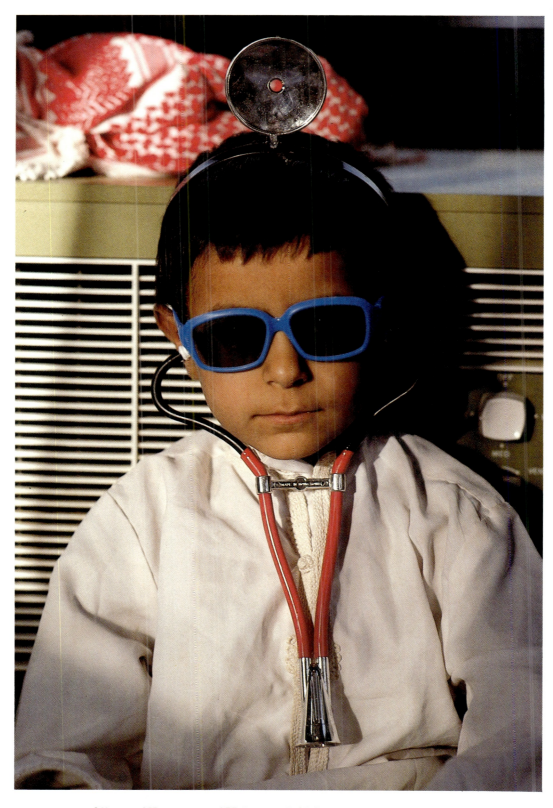

Ali son of Nasser son of Mohammed Al Amrah with new shades and doctor's kit: rewards for high marks in his school exams.

Anoud Al Amrah with counting beads.

Al Amrah: homework.

Greeyet of the Shammar following the movements of strangers entering the camp at Ash Shaqiq in the Nafud.

Children are quick to imitate skills observed from adults.

Overleaf: Naser bin Zaid Al Murrah (left) and Ali bin Marrie Al Murrah;
have the benefit and pleasure of each other's constant company.

There is a close relationship between grandparents and children.

It took 20 minutes before I succeeded in photographing this young girl, who was playing hide and seek with me from behind a boulder.

Sunrise in the Najd. Iris bloom here in April.

Ghat Ghat.

Dawadimi, a rich archaeological site from the stone age, still frequented by Bedouin tribes.

Wells at Ash Shaqiq in the Nafud, used by the Shammar during summer months.

Dahna Sands. Al Amrah migration. The 1,400 camels and 700 sheep, goats and horses leave about one and a half hours before the trucks.

Overleaf: Sand storm breaking at a Shammar camp in the Nafud.

Aïda and Hulla Greeyet of the Shammar fighting against a sand storm to care for the sheep.

Ruwallah fortress used by Nuri Bin Shaalan, paramount Shaikh of the Ruwallah, to protect the area they dominated in the North around the turn of the century.

Overleaf: Fort Zalbal in Sakakah. One of four forts used by Nuri Bin Shaalan to secure the area in North Arabia held by the Shaalan at the turn of the century.

Previous page: Madain Saleh. Occasionally, during the winter, a sunset will have this unique quality.

Bedouin see the desert as a place of beauty and have many names for the sands.

Oasis in the Najd (Central Arabia).

The direction toward Makkah may be marked by an arrangement of stones, an arch in the sand or a rug positioned for prayers. As faithful Moslems, the Bedouin we lived with prayed five times a day.

Die schöne Melusina

Die schöne Melusina

Ein Feenroman des 15. Jahrhunderts
in der deutschen Übertragung des Thüring von Ringoltingen

Die Bilder im Erstdruck Basel 1473/74
nach dem Exemplar der
Universitäts- und Landesbibliothek Darmstadt

Herausgegeben von
Heidrun Stein-Kecks

Unter Mitarbeit von
Simone Hespers und
Benedicta Feraudi-Denier

Die Deutsche Nationalbibliothek verzeichnet diese Publikation
in der Deutschen Nationalbibliografie;
detaillierte bibliografische Daten sind im Internet über
http://dnb.d-nb.de abrufbar.

Das Werk ist in allen seinen Teilen urheberrechtlich geschützt.
Jede Verwertung ist ohne Zustimmung des Verlags unzulässig.
Das gilt insbesondere für Vervielfältigungen, Übersetzungen,
Mikroverfilmungen und die Einspeicherung in und Verarbeitung
durch elektronische Systeme.

© 2012 by WBG (Wissenschaftliche Buchgesellschaft), Darmstadt.
Die Herausgabe des Werkes wurde durch die Vereinsmitglieder der
WBG ermöglicht.
Umschlaggestaltung: schreiberVIS, Bickenbach
Layout, Satz und Prepress: schreiberVIS, Bickenbach
Gedruckt auf säurefreiem und alterungsbeständigem Papier
Printed in Germany

Besuchen Sie uns im Internet: www.wbg-wissenverbindet.de
ISBN 978-3-534-24644-1

Inhalt

Vorwort 6

Die Geschichte der „Melusine" – eine Einführung 7

Die „Melusine" in der deutschen Drucküberlieferung 11

Von der Handschrift zum Druck 11
Drucktechnik 14
Handkolorierung 16
Nachschnitte und Wiederverwendungen 17
Die Figur der verzauberten Melusine 24

Die „Melusine" des Bernhard Richel 27

Der Drucker Bernhard Richel und das Umfeld in Basel 27
Richels Druckausgabe der „Melusine" 27
Die Illustrationen 28
Die Frage des Erstdrucks 31
Das Darmstädter Exemplar 34

Die Holzschnitte der „Darmstädter Melusine" mit Kommentar 38

Literatur 176
Abbildungsnachweis 176

Vorwort

Die Universitäts- und Landesbibliothek in Darmstadt bewahrt neben zahlreichen anderen Schätzen ein Exemplar der wohl um 1473/74 bei Bernhard Richel in Basel gedruckten Ausgabe der „Melusine", die in der neueren Forschung als der Erstdruck gilt. Unter den insgesamt zehn noch bekannten Exemplaren dieser Ausgabe zeichnet sich das Darmstädter durch eine besonders sorgfältige Kolorierung der Holzschnitte von Hand aus; zudem ist es in einen zeitgenössischen Ledereinband gebunden. Fasziniert von der Schönheit des Buches und zugleich den schlechten Zustand des Einbandes bedauernd, verfolgte Benedicta Feraudi-Denier die Idee der Restaurierung und der Präsentation des Kodex für ein größeres Publikum. Die Wissenschaftliche Buchgesellschaft hat die Publikation aller Bildseiten mit Kommentar und einführenden Texten übernommen; Jasmine Stern sei für die sehr freundliche Begleitung herzlich gedankt.

Gemeinsam haben wir uns der Aufgabe angenommen, die spezifischen künstlerischen Aspekte zu beschreiben und einige Informationen über die Technik und die kunsthistorische Bedeutung der kolorierten Holzschnitte im Zusammenhang des Buches herauszustellen: Neben Benedicta Feraudi-Denier, die sich besonders des Darmstädter Exemplars angenommen hat, ist Simone Hespers der Entwicklung von der Handschrift zum Druck, den Drucktechniken mit Nachschnitten und Neuschnitten, der Handkolorierung und der Frage des Erstdrucks nachgegangen; sie hat auch alle Texte ergänzt und substantiell bereichert. Ingrid Nirschl hat sich um die Abbildungsvorlagen verdient gemacht. Die Erkenntnisse stützen sich auf das gemeinsame Forschungsprojekt mit Erlanger Kolleginnen und Kollegen aus der Buch- und der Sprachwissenschaft, Ursula Rautenberg und Mechthild Habermann sowie Hans-Jörg Künast und Martin Behr. Für die Zitate aus dem Melusine-Text wurde generell auf die Übersetzung von André Schnyder zurückgegriffen, die er zusammen mit den Bildseiten des Karlsruher Exemplars der Richel-Ausgabe, mit einem Kommentar sowie mit grundlegenden Aufsätzen u. a. zur Sprache und zur Drucktradition veröffentlicht hat. Für die wichtigsten Quellen der hier zusammengefassten Beiträge, die insbesondere auf die kunsthistorischen Aspekte eingehen, sei auf die Auswahlbibliographie am Ende des Bandes verwiesen.

Die Geschichte der „Melusine" – eine Einführung

„Melusine" – wie dieser Name auf der Zunge des eben noch zu sprechen unfähigen Dichters Lothar Frohwein zergeht, gehört zweifellos zu den Höhepunkten Loriot'scher Kunst; der Text seines Gedichtes unter dem Titel des Namens dieser Meerjungfrau ist längst Gegenstand literaturwissenschaftlicher Untersuchungen geworden. Bis in die Gegenwart ist der Mythos der verzauberten Fee lebendig und wurde über Jahrhunderte in allen literarischen Gattungen, in der Musik, in der Bildenden Kunst, im Film und selbst im Comic immer wieder neu gefasst. Dabei reichen die Wurzeln bis ins hohe Mittelalter, ja in eine Frühzeit mündlicher Erzähltradition zurück. Wer ist diese Melusine? Die Frage ist nicht leicht zu beantworten, wie sich die Figur selbst einer eindeutigen Definition entzieht: eine Königstochter und Fee, halb irdischer, halb überirdischer Natur, ein Mischwesen, halb Mensch halb Tier, halb Schlange halb Fisch, halb der Erde und halb dem Wasser zugeordnet und zuletzt halb Drache, der durch die Lüfte aus der vertrauten Welt fliegt. Den Augen der Menschen bleibt ihr Zauber verborgen, sie zeigt sich ihnen nur in ihrer vollkommen weiblichen Gestalt. Niemand darf ihr Geheimnis lüften, vor allem nicht der, auf dem ihre Hoffnung auf Erlösung ruht, der sie durch Liebe und absolutes Vertrauen vom Zauber befreien kann, ihr Gemahl. Worin dieser Zauber besteht, weiß niemand; dass es etwas Zauberhaftes um sie gibt, wird allen ersichtlich, wenn sie sich regelmäßig der Gemeinschaft entzieht. Die Figur der Melusine fügt sich in die uralte Mythentradition der Verbindung von Unsterblichen mit auserwählten Sterblichen, die letztlich dauerhaft nicht möglich ist und wieder zerbrechen muss – wenn das Geheimnis offenbar wird. Melusine verkörpert zugleich eine Variante der sagenhaften Meerjungfrauen, Nymphen, Nereiden, Najaden, Nixen, Sirenen und verwunschenen Feen, in denen sich Natur, Gottheit und Menschsein im Imaginären verbinden.

Die für eine gewisse Zeit bestehende Verbindung zwischen der Fee und ihrem auserkorenen Retter, die sich auf einen heiligen Schwur gründet, mündet im Fall der Melusine und ihres Gemahls Reymond weder in ein märchenhaft glückliches Ende, noch in eine endgültige, schicksalhafte Katastrophe. Es geht aus ihr eine reiche Nachkommenschaft hervor: Dank der Geburt von zehn Söhnen ist das dauerhafte Fortleben der neu begründeten und zu rascher Blüte gelangenden Dynastie gesichert; durch deren ritterliche Ausfahrten und erfolgreiche Aventüren werden Ruhm und Ehre weithin verbreitet, fremde Herrschaftsbereiche dazugewonnen, und schließlich wird im eigens gegründeten und nach Zerstörung noch reicher dotierten Hauskloster dauerhaft für das Seelenheil der Familie gesorgt und das Gedächtnis über den Tod hinaus bewahrt, somit die christliche Memoria bis ans Ende der Welt gesichert. Zaubermärchen und Familiensaga vermischen sich, und gerade auch dieser Vermengung verdanken wir die Form der schriftlichen Überlieferung der Geschichte. Unter den weitläufigen Nachfahren ist es kein geringerer als Jean de Valois (1340 – 1416), Herzog von Berry, der der kunstinteressierten Nachwelt bis heute durch seine zahlreichen Stiftungen und seine großartige Bibliothek bekannt geblieben ist, sich als Sproß aus dem französischen Königshaus und Bruder König Karls V. in die Geschichte Frankreichs eingeschrieben hat und als Herzog von Poitou die sagenhafte Abstammung des dort ansässigen Hauses Lusignan von der mythischen Ahnfrau Melusine aufschreiben ließ, mit dem er durch die mütterliche Herkunft aus der Dynastie der Luxemburger selbst verbunden war: Anthoni, ein Sohn der Melusine, freit in der Erzählung die Prinzessin und herrscht als Herzog in Luxemburg. In seinem berühmten „reichen" Stundenbuch, den „Très riches heures" des Duc de Berry, lässt er in der nach den Monaten des Jahres dargestellten Reihe seiner Besitzungen Schloß Lusignan abbilden (Abb. 1). Die Miniatur zeigt Melusine, wie sie als Drache um die Mauern fliegt, so wie sie es immer tut, wenn der Besitzer durch Tod oder durch Eroberung wechselt. So war es auch zu sehen, wurde erzählt, als Jean de Valois die Burg belagerte und schließlich (1369) für sich einnahm. Und in der Melusinen-Erzählung selber heißt es, sie sei, als Reymond, ihr unglücklicher Gemahl, im fernen Kloster Montserrat im Sterben lag, drei

Abb. 1　*Melusine fliegt als Drache um das Schloß Lusignan*, Detail aus einer Miniatur der Brüder Limburg in den Très riches heures des Duc de Berry, Monat März, um 1414/16 – 1440; Chantilly, Musée Condé: Ms 65, fol. 3v.

Tage zuvor beim Schloss Lusignan erschienen, *wie das von rechtschaffenen Leuten dort genau in Erfahrung gebracht wurde, wie es auch Melusine alles zuvor geweissagt hatte. Und als diese Gestalt erschien, da sagten etliche: ‚Ihr dürft sicher sein, dass wir einen neuen Herrn haben.'*

Die erste Niederschrift der mündlich kursierenden Melusinen-Sage geht also auf einen hochrangigen Auftraggeber zurück, Jean de Valois, der als Bibliophiler und Gelehrter am literarischen Stoff ebenso wie an der Genealogie interessiert war. Seine Schwester Marie, als Herzogin von Bar wiederum mit den Lusignan verbandelt, habe ihn darum gebeten, so schreibt es Jean d'Arras, der diesen Auftrag wohl um 1392-1394 ausführte, am Beginn seines Prosaromans der Melusine. Eine wenig später, um 1400 / 1401 zu datierende Versfassung derselben Geschichte stammt von der Hand eines Dichters namens Coudrette (Couldrette), der damit einen Auftrag der Herren von Parthenay erfüllte, die sich ebenfalls auf das Geschlecht der Lusignan zurückführten und mit den Valois nicht immer freundlich verbündet waren. Der genealogische Aspekt scheint hier im Vordergrund zu stehen, „Roman de Parthenay" oder „de Lusignien" nennt Coudrette sein Werk an zwei Stellen im Buch selbst. Zugleich hebt er die Quellen hervor, aus denen er schöpft, wie um den historischen Wahrheitsgehalt seiner Geschichte zu betonen. Tatsächlich kennt die Literaturgeschichte Vorläufer von Teilen und einzelnen Aspekten der Melusinen-Geschichte, die seit dem 12. Jahrhundert in schriftlicher Überlieferung begegnen, bevor sie im ausgehenden 14. Jahrhundert systematisch erfasst wurde. Die Übertragung ins Deutsche schließlich geht auf den Berner Patrizier und Ratsherrn Thüring von Ringoltingen (1415 – 1483) zurück, der im Jahr 1456 auf der Grundlage des Versromans nach Coudrette eine deutsche Prosafassung erstellte. Auch er arbeitet für einen adligen Auftraggeber, Markgraf Rudolf von Hochberg, Graf von Neuchâtel, der möglicherweise dank seiner burgundischen Verbindungen Bekanntschaft mit dem französischen Text gemacht hat. Die Mitteilung, dass die Geschichte im Auftrag eines hohen Herrn verfasst wurde, schlägt sich auch in den Illustrationen nieder; die Verknüpfung der Erzählung mit einem historisch nachweisbaren Auftraggeber wird in vielen Ausgaben zu Beginn des Buches dargestellt, sie gewinnt damit an Authentizität und die im Text und die in Bildern ausgebreitete Geschichte wird in der bildlich dargestellten mündlichen Kommunikation zwischen dem Auftraggeber und dem Autor über das zu schreibende Buch miteinander verschränkt (Abb. 2; vgl. S. 43).

Nach der Einführung in die Umstände der deutschen Textfassung beginnt die Erzählung ihrerseits mit der Erinnerung an die ursprüngliche Intention des Auftrags, aus den überlieferten Chroniken die Geschichte und Herkunft der Grafen von Poitou und von Stadt und Burg Lusignan niederzuschreiben. Die Erzählung setzt ein in der Kindheit des Protagonisten, Reymond, der als Knabe und jüngster Sohn eines verarmten Zweigs der Familie zur Erziehung an den Hof des Grafen genommen wird. Ein Jagdunfall, bei dem Reymond in einer Verkettung unglücklicher Umstände seinen vertrauten Herrn tötet, führt zur Begegnung mit Melusine, die ihn in Begleitung zweier Jungfrauen, ihrer beiden Schwestern, an einem Brunnquell im Wald zu erwarten scheint. Sie verspricht, sein Unglück in Glück zu wenden, wenn er sie zu ihren Bedingungen zur Frau nimmt. Nie darf er sie am Samstag behelligen, nie nachforschen und niemanden ausforschen lassen, was sie an jenem Tag tut. Bricht er den Schwur, was der Erzähler hier schon für den Leser vorwegnimmt, verliert er sie, und seinen Kindern wird es schlecht ergehen. Viele fromme Beteuerungen christlichen Glaubens zerstreuen seine Zweifel, er willigt ein, erhält, nachdem er alles befolgt, wie Melusine es ihm

Abb. 2 *Auftrag des Herrn von Parthenay an seinen Kaplan, den Dichter Coudrette, das Buch der „Melusine" in Verse zu fassen*, 1468; Nürnberg, Germanisches Nationalmuseum: GNM Hs 4028.

Abb. 3 Kapitell der Kirche von Lusignan mit der Darstellung der Melusine.

aufgetragen hat, das Land um den Brunnquell vom jungen Grafen zu Lehen und feiert eine prachtvolle Hochzeit. Die geheimnisvolle Braut unbekannter Herkunft überzeugt die adligen Gäste als vollkommene Gastgeberin und mit märchenhaft reichem Glanz. All ihr Bestreben zielt auf die Ausweitung der Herrschaft, sie gründet Städte, lässt Burgen bauen und stiftet ein Kloster. Reymond bricht zwar, angestachelt von seinem Bruder, schon bald das auferlegte Tabu und erspäht die Schlangengestalt der Melusine im Bade, doch behält er die Entdeckung für sich und kann damit die Katastrophe hinauszögern. Die Geschichte berichtet weiter von den Söhnen, die zwar (fast) alle mit einem körperlichen Mal gezeichnet, aber von adliger Statur und ritterlichem Wesen sind. Auf ihren Ausfahrten kämpfen sie gegen Ungläubige, freien Prinzessinnen und besteigen die Throne fremder Königreiche, die sie für ihre Nachkommen sichern. Zwei der Söhne schlagen einen anderen Weg ein, Froimond wird Mönch und Geffroy kämpft gegen Riesen. Ein tragisches Schicksal macht sie zu Schlüsselfiguren der Geschichte; Geffroy, wild entstellt durch einen langen Eberzahn, zerstört in blinder Wut das Kloster und verbrennt es mitsamt den Mönchen, darunter Froymond. Daraufhin macht der Vater in verzweifeltem Zorn das Geheimnis der Melusine öffentlich und gibt ihr als Schlange die Schuld für die Untat des Sohnes – nun muss sie diese Welt endgültig verlassen. Im Kampf gegen den Riesen Grymmolt wird Geffroy aber schließlich der auf Melusine und seinen Ahnen liegende Fluch offenbart. Vater und Sohn versöhnen sich und suchen Vergebung beim Papst. Es war die Mutter Presine, die ihre drei Töchter verflucht hatte, nachdem diese ihren ebenfalls eidbrüchigen Vater bestraft und in einen Berg eingeschlossen haben, bewacht vom Riesen, den Geffroy dann besiegte. König Helmas hatte das ihm von Presine auferlegte Tabu gebrochen und sie im Kindbett besucht, worauf sie ihren geliebten Mann mit den drei Töchtern verlassen musste. Allen dreien wird das vollkommene Glück der Liebe und Ehe verwehrt: Melior wartet in einem Schloß auf ihren Retter, der drei Tage schlaflos mit einem Sperber ausharren muss, bevor ihm ein Wunsch frei steht – alles außer der Jungfrau selbst darf er begehren. Palestine bewacht den Schatz des Vaters, und wer sie oder den Schatz erringen will, muss gegen wilde Tiere kämpfen, die den Weg auf den Mont Canigou versperren. Nur einem aus dem Hause Lusignan kann das jeweilige Abenteuer gelingen, aber die beiden, die es wagen, scheitern, ebenso wie Reymond Melusine nicht erlösen kann. Geffroy stirbt über dem Versuch, den Fluch der Ahnen zu bannen. Dietrich, der jüngste Bruder, führt das Erbe in den Stammlanden weiter, und freilich endet die abenteuerliche Erzählung in der historischen Gegenwart, in der auch der Übersetzer Thüring von Ringoltingen die Wahrheit der Geschichte nochmals glaubhaft beteuert.

„Die Histori oder geschicht von der edeln und schönen Melusina", oder nur „Die hystoria von melusina", „Melosine geschicht Mit den Figuren", wie die ältesten Titel der gedruckten Ausgaben lauten, hat über die Jahrhunderte eine zahlreiche Leserschaft gefunden. Dank der bis heute bestehenden Bauten, die auf Melusine zurückgeführt werden, und natürlich Lusignan selbst, im Poitou-Charente, Department Vienne gelegen, ist in Frankreich vor allem die vielfach mit belegbaren historischen Zeugnissen und Ereignissen verquickte Ahnengeschichte lebendig geblieben. An der Kirche erinnert ein Kapitell an die sagenhafte Ahnfrau – wobei solche Mischwesen der mittelalterlichen Bauplastik insgesamt nicht fremd sind (Abb. 3). Für das deutschsprachige Publikum rückten dagegen mehr die Abenteuererzählung und der Mythos der verzauberten Fee ins Zentrum des Interesses. Insgesamt rund 70 nachgewiesene Ausgaben vom 15. bis ins 20. Jahrhundert belegen eindrucksvoll die ebenso langlebige wie lebendige Nachfrage nach der Geschichte der Melusine.

Die „Melusine" in der deutschen Drucküberlieferung

Von der Handschrift zum Druck

Betrachtet man die Überlieferung der „Melusine", so zeigt sich ein dichtes Netz aus verzweigten Verbindungen, das seine Komplexität der wiederholten Überschreitung verschiedener Grenzen verdankt. Zunächst ist die Sprachgrenze zu nennen, da die Vorlage für die deutschsprachige Erzählung des Thüring von Ringoltingen aus dem Jahr 1456 ein französischer Text war. Diese Vorlage für Thürings Prosafassung war in Versen geschrieben, daher werden auch Gattungsgrenzen durchbrochen. Während die Erzählung in Frankreich bevorzugt in adeligen Kreisen kursierte, fand sie im deutschen Sprachraum wohl mehr im stadtpatrizischen und bürgerlichen Umfeld Anklang, womit der Stoff beweist, dass er auch vor soziokulturellen Grenzen nicht Halt macht. Schließlich finden noch Transfers zwischen unterschiedlichen Medien statt, sowohl zwischen Text und Bild als auch zwischen handschriftlicher Überlieferung und der Überlieferung im gedruckten Buch.

Auf welchem Weg die französische Melusinen-Erzählung in die deutsche Sprache fand, konnte bislang nicht geklärt werden. Zwar ist der Text in einer beachtlichen Zahl von sechzehn deutschsprachigen Handschriften überliefert, jedoch kommt keine als Autograph Thürings in Frage. Das älteste sicher datierte Exemplar stammt erst von 1467 und wird heute in der Stiftsbibliothek Klosterneuburg (Nr. 747) aufbewahrt, die jüngsten Handschriften datieren möglicherweise aus dem frühen 16. Jahrhundert, und von einigen ist anzunehmen, dass es sich um Abschriften früher Drucke der „Melusine" handelt. Geht man von einem Erstdruck um 1473/74 aus, dann sind lediglich vier Melusinen-Handschriften sicher vor Beginn der Drucküberlieferung zu datieren. Keines der erhaltenen Manuskripte lässt sich einer der großen Schreibwerkstätten zuordnen, die schon im ausgehenden 14. Jahrhundert populäre Lesestoffe in hochspezialisierter Arbeitsteilung seriell produzierten, vielmehr handelt es sich um Arbeiten, die von professionellen Schreibern gezielt für individuelle Auftraggeber angefertigt wurden.

Die erhaltenen Textzeugen unterscheiden sich formal und inhaltlich nicht unerheblich, sodass sich zwei Überlieferungsstränge rekonstruieren lassen. In Puncto Ausstattung fällt vor allem ins Auge, ob der Text durch eingeschobene Zwischenresümees gegliedert ist, ob Bilder vorhanden sind und wenn ja deren Anzahl und die Auswahl der Themen. Insofern handelt es sich bei den erhaltenen Manuskripten nicht um getreue Abschriften nach Vorlagen, sondern um Bearbeitungen des Stoffes, die Auftraggeberwünsche oder auch Varianten der mündlichen Überlieferung wiederspiegeln mögen. Ähnlich differenziert zeigen sich schon die französischen Handschriften, wobei auffällt, dass sowohl Überschriften bzw. Rubriken, d. h. farbige (von lat. rubrum = rot) Gliederungselemente, als auch die illustrative Gestaltung eher Merkmale von Prosaromanen denn von Versepen sind. Das ist insofern bemerkenswert, als Thürings 1456 ins Deutsche übertragene „Melusine" nicht, wie zu erwarten wäre, auf der französischen Prosafassung des Stoffes von Jean d'Arras fußt, sondern auf die Versfassung des weitgehend unbekannten Dichters Coudrette zurückgeht.

Für die Drucküberlieferung sind den Text begleitende und illustrierende Bilder sowie erläuternde Bildbeischriften, die auch die Funktion von Kapiteleinteilungen übernehmen können, charakteristische Bestandteile der „Melusine"-Ausgaben. Die handschriftliche Überlieferung hingegen zeigt ein gemischteres Bild. Von den sechzehn erhaltenen deutschsprachigen Manuskripten sind nur zwei illustriert. Das Germanische Nationalmuseum in Nürnberg verwahrt als Teil einer Sammelhandschrift (Hs 4028) einen Textzeugen, in dem die halb- bis dreiviertelseitigen Illustrationen auf rote Überschriften folgen (vgl. Abb. 2). Die Handschrift wurde 1468 von einem namentlich nicht bekannten Schreiber wohl im Raum zwischen Augsburg und Bodensee angefertigt und von einem bislang nicht genauer zu lokalisierenden Buchmaler mit vermutlich 67 kolorierten Federzeichnungen versehen, von denen heute noch 65 erhalten sind. Anders eingerichtet ist die zweite illustrierte, heute in der Universitätsbibliothek Basel verwahrte Papierhandschrift (O.I. 18), die auf das Jahr 1471 datiert ist und von dem Basler Ratsschreiber Nikolaus Meyer zum Pfeil angefertigt wurde. Das Manuskript ist stark fragmentiert und enthält heute noch 38 kolorierte Illustrationen. Eine Verteilung der Textlücken auf die fehlenden Blätter ermöglicht eine rekonstruierende Ergänzung des Zyklus' auf ursprünglich wohl 48 Illustrationen. Die formale Einteilung in Sinnabschnitte erfolgt nicht mittels Überschriften, sondern wird lediglich durch besonders ausgeführte Initialen ersichtlich. In fünf weiteren Handschriften, die jedoch alle in die Zeit nach 1473/74, also nach den ersten bekannten Drucklegungen datiert werden, wurde Platz für Bilder ausgespart, und eine unvollendete Handschrift bricht nach der Einleitungsillustration ab.

Nicht zuletzt der Wunsch, man könne wenigstens die französische Vorlage Thürings

Abb. 4 *Vergabe und Vermessung des Lebens*; 1460; Paris, Bibliothèque Nationale: BN. ms. fr. 24383.

identifizieren und so den Verlust seines Autographen ein wenig wett machen, hat viele Untersuchungen der Coudrette-Texte im Vergleich mit den deutschen Handschriften begleitet. Allerdings stellt sich angesichts der Vielfalt der Überlieferung die Frage nach den kategorialen Merkmalen, die auf die richtige Spur führen sollen. Denn auch die französischen Textzeugen sind hinsichtlich ihrer formalen Gestaltung nicht weniger individuell zu nennen als die deutschen Manuskripte. Und so bleibt der Versuch einer Annäherung.

Nur eine Coudrette-Handschrift (Paris, BN, ms. fr. 12575) ist mit rot abgesetzten Prosarubriken versehen, auf die Illustrationen folgen. Ausstattung und Gestaltung der Miniaturen verweisen auf den burgundischen Hof als Entstehungsumfeld. Aufgrund eines Textvergleichs scheidet die Handschrift als direkte Vorlage Thürings aus, und auch die Bilder finden in den Zyklen der beiden erhaltenen deutschsprachiger Handschriften nur vereinzelt gestalterische und motivische Entsprechungen. Interessant ist daher ein Blick auf eine weitere Coudrette-Handschrift, die zwar nicht über Rubriken verfügt, wohl aber über eine Folge von vierzehn zweiteiligen Illustrationen (Paris, BN, ms. fr. 24383, Abb. 4). Sie stehen insbesondere der Basler Handschrift in vielerlei Hinsicht motivisch deutlich näher. Darüber hinaus finden sich aber auch in Handschriften der Prosafassung des Jean d'Arras Motive und Kompositionen, die auf nicht näher bekannten Wegen Eingang in die deutsche Überlieferung gefunden haben. Insbesondere ein zwischen 1420 und 1430 entstandenes, in der Pariser Bibliothèque de l'Arsenal (ms. fr. 3353, Abb. 5) verwahrtes Manuskript weist Übereinstimmungen mit der Basler Handschrift auf, die singulär sind und v. a. die Annahme einer breit gestreuten Rezeption stützen. So ist der fatale Jagdunfall, bei dem Reymond den Grafen Emmerich tödlich verwundete, in nahezu allen Handschriften abgebildet, doch lediglich die Arsenal-Handschrift (fol. 13ra) und das Basler Manuskript (fol. 8r) zeigen, wie der tote Graf von zwei Dienern aus dem Wald geborgen wird (Abb. 6). Weil sie sich bislang nicht näher erklären lassen, stützen sie v. a. die Annahme einer breit gestreuten Rezeption.

Insgesamt sind die französischen Manuskripte aufwändiger gestaltet. Während die

Abb. 5   *Reymond trifft Melusine und ihre Schwestern am Turstbrunnen*, 1420–1430; Paris: Bibliothèque de l'Arsenal: ms.fr. 3353.

deutschen Textzeugen einzig auf Papier geschrieben sind, werden jene für ihre meist adeligen Auftraggeber vielfach auf wertvollerem Pergament niedergelegt. Die Bilder sind feiner mit deckenden Farben gemalt, wohingegen sowohl die Basler als auch die Nürnberger Handschrift mit aquarellierten Federzeichnungen ausgestattet wurden.

Da gerade volkssprachliche Texte umfangreich mit Illustrationen versehen wurden, kursiert die Annahme, in ihnen sei eine Lesehilfe für ein Publikum zu sehen, das es gewohnt war zu hören und zu sehen, das Lesen hingegen erst erlernen musste. Ein genauer Blick

Abb. 6 *Der Leichnam des Grafen wird geborgen*, 1471; Basel, Universitätsbibliothek: O.I.18.

auf die insgesamt eindrucksvolle Überlieferung illustrierter deutschsprachiger Handschriften des 15. Jahrhunderts muss diese These einer primär textsubstituierenden Funktion der Bilder angesichts ihrer oftmals formelhaften Bildmuster relativieren. Vielmehr wird man von einer Lesehilfe im Sinne einer strukturellen Orientierungshilfe in den umfangreichen und vielfach nicht immer einem kohärenten Erzählfluss folgenden Stoffen ausgehen müssen. Unter diesem Gesichtspunkt sind die Bilder als begleitende optische Gliederung und zugleich inhaltliche Ergänzung zum Text zu verstehen. Wie aus den einzelnen Beschreibungen ersichtlich wird, bieten die Holzschnitte eine Interpretation des Textes an, bilden einen auch eigenständig wahrzunehmenden Ablauf der Handlung mit einzeln hervorgehobenen Episoden oder Szenen und reflektieren die kommunikativen Ebenen der Erzählung.

Gliederungselemente wurden seit jeher schmuckvoll gestaltet. Bestes Beispiel sind die Initialen, durch Größe und Farbe von der Textschrift abgesetzte, oftmals auch durch graphische Ausführung betonte Zierbuchstaben, die den Beginn eines Textes oder Textabschnittes markieren und in allen Melusine-Handschriften der französischen und deutschen Überlieferung in einzelne Kapitel oder Sinnabschnitte einführen. Erst später haben sich gliedernde Überschriften bzw. Rubriken zu einem festen, aber nach wie vor wandelbaren Bestandteil des Textes entwickelt. Da dessen Einteilung in Kapitel nicht notwendig vom Autor vorgegeben war, nahm sie bei Bedarf der jeweilige Schreiber nach eigenem Gutdünken vor. Rubriken fassen den Text jeweils knapp zusammen und bieten dem Leser somit nicht nur eine optische, sondern auch eine inhaltliche Orientierungshilfe. Sofern für die jeweilige Handschrift Illustrationen vorgesehen waren, dürften diese Textresümees dem Maler auch als Hinweise für die Gestaltung gedient haben. So gesehen übernehmen die Kapitelüberschriften als Bildbeschriften oder Tituli eine Doppelfunktion, die sich aus den Produktionsbedingungen spätmittelalterlicher Schreibwerkstätten erklären lässt.

Offen ist auch, auf welchem Weg der Thüring-Text in den Druck gefunden hat. Ein Vergleich aller überlieferten deutschsprachigen Handschriften hat ergeben, dass die deutsche Prosageschichte wohl in zwei Varianten überliefert wurde, die sich in Details unterscheiden. Jedoch kommt keiner dieser Texte als direkte Vorlage für einen der frühen Drucke infrage, zu groß sind die sprachlichen wie auch die inhaltlichen Differenzen. Für die Illustrationen gilt dies entsprechend.

Drucktechnik

Als Bernhard Richel 1473/74 in Basel seine „Melusine" herstellte, waren Hochdruckverfahren wie der Holzschnitt bereits seit einem Dreivierteljahrhundert in Deutschland verbreitet und auch der Buchdruck mit beweglichen Lettern schon seit gut zwanzig Jahren bekannt. Nachdem Johannes Gutenberg 1454 eine 42-zeilige lateinische Bibel, die sog. Gutenberg-Bibel, vollendet hatte, etablierten sich Offizine genannte Druckwerkstätten in Bamberg (um 1460) und Straßburg (um 1458/60), Basel (um 1468), Köln (1465/66), Augsburg (1468) und Nürnberg (1469/70). Nach 1470 setzte ein wahrer Boom in der Druckproduktion ein, wovon auch die „Melusine" profitiert. Allein für das 15. Jahrhundert sind zehn gedruckte deutschsprachige Ausgaben überliefert, die, von einer in Lübeck herausgebrachten Ausnahme abgesehen, in oberrheinischen Druckerwerkstätten in Basel (1), Straßburg (4) bzw. Heidelberg (1) sowie in Augsburger (3) Werkstätten gefertigt wurden. Unterschiedliche Schätzungen gehen von 27 000 bis 40 000 verschiedenen Inkunabeln (von lat. incunabula = Windeln, Wiege, Ursprung) oder Wiegendrucken aus, wie Druckerzeugnisse aus dem 15. Jahrhundert genannt werden.

Auch vollzog sich der Medienwandel von der Handschrift zum gedruckten Buch nicht abrupt, vielmehr existierten beide Medien in der Frühdruckzeit nebeneinander her. Das neue typographische Buch setzt in mancher Hinsicht die Tradition des skriptographischer Buches fort. So imitieren die frühen Lettern die Schriften geschriebener Kodizes und beigegebene Holzschnittillustrationen werden nachträglich handkoloriert. Einige der bedeutendsten Drucker der Frühzeit wie die Augsburger Günther Zainer, Georg Bämler und Anton Sorg kamen ursprünglich selbst aus dem Briefmalergewerbe, das in der arbeitsteilig ausdifferenzierten Handschriftenproduktion für die Illustration und Rubrizierung der Texte zuständig war.

Seit etwa 1400 hatte in Europa der Holzschnitt in Form von Einblattdrucken Verbreitung gefunden. Diese stellten zunächst beinahe ausschließlich Heiligenfiguren für die private Andacht dar und gelten als ein preiswerter Ersatz für Gemälde. Dass der Holzschnitt sich so rasch ausbreiten konnte, verdankt er nicht zuletzt auch dem Werkstoff Papier, der sich seit Inbetriebnahme der ersten deutschen Papiermühle durch den Nürnberger Patrizier Ulman Stromer im Jahr 1390 rasch als preisgünstiger Ersatz für das teure, aus Tierhaut hergestellte Pergament etabliert hatte.

Der Holzschnitt ist ein Hochdruckverfahren, bei dem die erhabenen Teile des Holzblockes mit Farbe versehen und auf Papier gedruckt werden. Zunächst bringt ein Zeichner, auch Reißer genannt, eine Linienzeichnung auf die glatt geschliffene Holzplatte auf. Der fertige Druck zeigt die aufgebrachte Zeichnung schließlich spiegelverkehrt. Nicht immer hat der Reißer diese produktionsbedingte Seitenverkehrung berücksichtigt, wie insbesondere auch die Illustrationen der „Melusine" Bernhard Richels zeigen. Die meisten Handlungen werden daher mit der linken statt der rechten Hand vollzogen. Neben der Möglichkeit, die Zeichnung direkt auf das Holz aufzubringen, kann der Reißer eine Entwurfszeichnung auch durchpausen. Anschließend entfernt ein Formschneider mit unterschiedlichen Werkzeugen wie Messer, Hohl-, Rund- und Flacheisen, Stichel und Meißel den zwischen den Linien liegenden Grund, bis nur noch Stege und Inseln stehenbleiben, auf die mit einem Ballen oder mit einer Walze Druckerschwärze aufgetragen wird. Es liegt auf der Hand, dass neben dem Entwurf des Reißers auch die Arbeit des Formschneiders das Ergebnis des Drucks maßgeblich prägt, kommt es doch auf seine Fertigkeit an, die Zeichnung im Holz umzusetzen; nicht zuletzt entscheidet auch die Präzision des Druckvorgangs selber über die Qualität des jeweiligen Abdrucks bzw. ganzen Exemplars einer Ausgabe. Das für den Holzschnitt gewählte Holz darf nicht zu weich sein, um eine allzu schnelle Abnutzung zu vermeiden. Daher sind mittelharte bis harte Hölzer wie Birne, Nuss, Erle oder Kirsche bevorzugte Arbeitsmaterialien. Es folgt der Abdruck auf Papier, das, um die Saugfähigkeit zu erhöhen, gut angefeuchtet sein muss. Schraubpressen ähnlich einer Weinpresse waren schon vor Johannes Gutenberg in Gebrauch, doch bis zur Erfindung der Druckerpresse durch den Straßburger Goldschmied Andreas Dritzehn und ihre Verwendung zum Druck mit beweglichen Metalllettern durch seinen ehemaligen Partner Gutenberg wurden die meisten Blätter von Hand bedruckt, entweder, indem der Stock auf das Papier gepresst wurde oder indem man das angefeuchtete Papier auf den Stock aufrieb. Das Ergebnis ist ein Schwarzliniendruck, der bis in die Mitte des 15. Jahrhunderts nur spärlich mit Binnenschraffur versehen wurde und sich daher besonders für eine nachträgliche Kolorierung eignete.

Schon Einblattdrucke konnten mit Text versehen werden, der mit den Bildern aus einem einzigen Holzstock geschnitten wurde. Ganze

Folgen solcher bedruckten Seiten wurden um 1420 erstmals zu Blockbüchern zusammengebunden und umfassen erbaulich-religiöse Titel wie die „Ars Moriendi" oder die „Biblia Pauperum". Ein entscheidender Nachteil dieser Blockbücher gegenüber dem Buchdruck mit beweglichen Lettern lag nicht allein darin, dass der Aufwand für den Textschnitt ungleich größer war. Auch wurden sie in der Regel im Reibedruckverfahren hergestellt. Das Bedrucken der Rückseite hätte in einem solchen Verfahren die bereits bedruckte Vorderseite zerstört. Seit 1460 wurde diese Technik und die Gattung der Blockbücher daher durch den mit umfangreichen Holzschnittfolgen illustrierten Buchdruck aus der Druckerpresse verdrängt.

Der Produktionsprozess in den Druckerwerkstätten verlief, wie auch schon die Herstellung von Handschriften im späten Mittelalter, arbeitsteilig. Der in Nürnberg ansässige und wie viele seiner Druckerkollegen auch als Verleger und Buchhändler tätige Anton Koberger (um 1440 – 1513), der vor allem durch seine 1493 erstmals gedruckte „Schedel'sche Weltchronik" bekannt ist, carf auch als erster Großunternehmer des Buchgewerbes gelten. In seiner Großoffizin waren um 1480 neben Druckern, die bis zu 24 Pressen bedienten, und den für den Schriftsatz zuständigen 100 (!) Setzern auch Korrektoren, Schriftschneider, Schriftgießer sowie Illuminatoren und Buchbinder beschäftigt. Doch auch in deutlich kleineren Druckereien, die kaum in schriftlichen Quellen greifbar sind, war der Arbeitsablauf segmentiert. Die einzelne Lage bot sich als Arbeitseinheit an, nach der die Arbeit der Setzer aufgeteilt wurde. Als Lage (oder Heftlage) werden die gefalteten und ineinandergelegten Blätter bezeichnet, die später zusammengeheftet werden. Bei kleinen Druckformaten ist die Lage oftmals mit dem gefalzten Druckbogen identisch, der je nach angestrebter Seitengröße mit vier, acht oder sechzehn Textblöcken verteilt auf beide Seiten bedruckt werden kann. Jeweils zwei Seiten Schön- und zwei Seiten Wiederdruck ergeben das Folioformat, vier und vier Seiten das Quart- und acht und acht Seiten das Oktavformat, welches bis heute im Buchdruck das gebräuchlichste ist. Beim Setzen der Bögen ist auf die richtige Verteilung der einzelnen Textblöcke zu achten, damit die Seiten nach dem Falten in der richtigen Reihenfolge liegen. Werden die gefalteten Druckbögen zu Heftlagen ineinandergeschoben, dann ist beim Satz zusätzlich die endgültige Seitenverteilung zu berücksichtigen.

Das erste datierte und mit einem Druckort versehene Buch, das den typografischen Satz und Holzschnittillustrationen verband, wurde am 14. Februar 1461 fertiggestellt, also gut 20 Jahre, nachdem die ersten mit beweglichen Metalllettern gedruckten Werke die Mainzer Druckerpresse von Johannes Gutenberg verlassen hatten. In Bamberg druckte Albrecht Pfister (ca. 1420 – ca. 1466) die Fabelsammlung „Der Edelstein" von Ulrich Boner (GW 04839), die dieser um die Mitte des 14. Jahrhunderts verfasst hatte. Pfister stattete sein Buch mit über 100 Bildern aus, die fest in Text und Satzspiegel integriert waren. Die ersten bebilderten Buchdrucke entstanden noch in zwei Phasen. In der Druckerpresse erfolgte zunächst der Textdruck, in dessen Aussparungen später die Bildmodule im Stempeldruck eingefügt wurden. Der Arbeitsaufwand war enorm, und so hat Pfister den Produktionsablauf schon in der zweiten Ausgabe des „Edelstein" rationalisiert, indem er ihn zu einem einzigen Druckvorgang zusammenfasste. Ein solches Verfahren ermöglicht zugleich eine hohe Passgenauigkeit von Bild- und Texteinheiten zueinander.

Handkolorierung

Dass nicht allein Pfisters Illustrationen, sondern eine Vielzahl früher Inkunabeldrucke nachträglich von Hand koloriert wurden, lässt sich mit der Tradition der Manuskripte und den Sehgewohnheiten und Erwartungshaltungen eines Publikums erklären, das umfangreiche Bücher in Form illuminierter Handschriften kannte. Farbigkeit war ein wesentlicher Bestandteil des Bildes, wobei ihr Gebrauch nicht allein einen ästhetischen Wert besaß, sondern auch einen symbolischen Ausdruckswert vermittelte. So war es zunächst allzu selbstverständlich, auch die gedruckten Holzschnitte kolorieren zu lassen, wodurch sich die nahezu vollständige Reduktion ihrer Gestaltung auf die Umrisslinien erklärt – bzw. umgekehrt die fehlende Binnenschraffur und mangelnde graphische Ausgestaltung der frühen Drucke kompensiert wurde. Die erhaltenen Exemplare einer Druckausgabe unterscheiden sich in ihrer Farbigkeit, wie gerade auch ein Blick auf die „Melusine" Richels zeigt, da erst auf Bestellung und Kosten des Käufers ein Briefmaler oder Illuminator mit ihrer Gestaltung beauftragt wurde, ebenso wie auch der Einband ganz individuell im Auftrag des Käufers gefertigt wurde.

Die Farben wurden entweder mit dem Pinsel von Hand aufgebracht, im Laufe der Zeit wurden aber auch Schablonen entwickelt, die den Farbauftrag rationalisierten. Die Farben bestanden aus pflanzlichen oder mineralischen Substanzen und wurden als Wasserfarbe aufgetragen, seltener auch als Tempera, einer Emulsion aus Wasser und Öl, die meist mit Eiweiß angemischt wird. Eine direkte Kolorierung im Druck war nur sehr eingeschränkt möglich, da ein echter Mehrfarbdruck einen eigenen Holzschnitt für jede zu druckende Farbe verlangt. Gelegentlich finden sich ein- oder zweifarbig gedruckte Initialen oder farbig abgesetzte Textteile wie Überschriften oder Rubriken. Dass in den letzten Dekaden des 15. Jahrhunderts zunehmend von einer nachträglichen Handkolorierung der Holzschnitte abgesehen wurde, dürfte zuvorderst darin begründet liegen, dass das gedruckte Buch und insbesondere die mit umfangreichen Holzschnittserien ausgestatteten volkssprachlichen Bücher profanen Inhalts, denen auch die „Melusine" zuzurechnen ist, zunächst für eine breite Käuferschicht preisgünstiger produziert werden sollte. Besonders ausgestaltete Beispiele, wie die handkolorierten Exemplare der „Melusine" Bernhard Richels, weisen umso mehr auf eine spezifische Käuferschicht hin, die ihrem Exemplar eine zusätzliche Pracht und individuelle Gestaltung verleihen wollten. Dabei differieren Anspruch und Sorgfalt ebenso wie die Gesamtkonzeption der Farbgebung, die die Bildwirkung derselben Holzschnitte teilweise stark verändern können (Abb. 7, 8, 9). Parallel wurden die graphischen Ausdrucksmöglichkeiten des Holzschnittes zunehmend verfeinert, sodass dieser sich spätestens mit Albrecht Dürer (1471 – 1528), dessen 1498 veröffentlichte Folge aus fünfzehn großformatigen Holzschnitten zur Apokalypse den damals 27jährigen weltberühmt machten, als eigenständiges künstlerisches Medium etabliert hatte, welches wiederum die Sehgewohnheiten und Ansprüche der potentiellen Käuferschicht veränderte.

Nachschnitte und Wiederverwendungen

Die Herstellung der für den Buchdruck benötigten Materialien, allen voran der Lettern, war mit einem nicht unerheblichen Zeitaufwand und hohen Kosten verbunden. Weil sich insbesondere das volkssprachliche gedruckte Buch zu einer preiswerten Massenware entwickelte, ist es wenig erstaunlich, dass sowohl ganze Typensammlungen als auch Holzschnittserien zum Teil wiederholt ihre Besitzer wechselten.

Abb. 7 *Reymond beobachtet Melusine im Bad*, Basel: Bernhard Richel, 1473/74; Karlsruhe, Badische Landesbibliothek: St. Peter pap. 23.

Abb. 8 *Reymond beobachtet Melusine im Bad*, Basel: Bernhard Richel, 1473/74; Olmütz (Olomouc), Universitätsbibliothek (Universitná Knohovna): 48704.

Für die Drucküberlieferung der „Melusine" ist das gleich mehrfach nachweisbar. Nachdem der französische Erstdruck des Prosatextes des Jean d'Arras 1478 bei Adam Steinschaber in Genf mit Nachschnitten nach Richels Illustrationen ausgestattet worden war (Abb. 10), druckt 1486 in Lyon Guillaume Le Roy eine französische Ausgabe mit 61 Illustrationen von Originalholzstöcken Richels, die anschließend noch in Offizinen in Lyon und schließlich in Toulouse wiederverwendet werden. Die 1506 in Straßburg von Matthias Hupfuff besorgte Ausgabe verwendet Holzschnitte, die um 1478 für die Offizin von Johann Prüß d. Ä. gefertigt wurden, und die 1491 für die Heidelberger Ausgabe von Heinrich Knoblochtzer gearbeiteten Holzstöcke werden zunächst 1516 von Johann Knobloch in Straßburg und 1539 ebendort von Georg Messerschmidt für ihre Melusinen-Drucke verwendet. Diese langlebigen Wiederverwendun-

gen sind insofern bemerkenswert, als sich der Zeitgeschmack in einem halben Jahrhundert gewandelt hat, wie sich auch an den wohl 1538 nun stilistisch völlig neu gestalteten einflussreichen Holzschnitten für die Augsburger Offizin Heinrich Steiners ablesen lässt. Auch diese Stöcke werden nach Aufgabe der Werkstatt andernorts weiterverwendet, und zwar durch den Frankfurter Drucker Christian Egenolff. So kommen auf rund 30 nachweisbare deutsche Ausgaben, die im 15. und 16. Jahrhundert in mehr als fünfzehn Offizinen gedruckt wurden, geringe Variationen bei Neuauflagen nicht mitgerechnet, gerade einmal zwölf unterschiedliche Holzschnittzyklen.

Wohl ebenfalls aus Gründen der Kostenersparnis lassen sich die häufig zu beobachtenden Wiederverwendungen einzelner Holzstöcke aus anderen Erzählkontexten erklären. So hat beispielsweise Johannes Bämler für seine Ausgaben nicht nur einzelne Melusine-Holzstöcke

Abb. 9 *Reymond beobachtet Melusine im Bad*, Basel: Bernhard Richel, 1473/74; Washington, Library of Congress, Lessing J. Rosenwald Collection: Incun. X.C82.

wiederholt abgedruckt, sondern auch Illustrationen dem 1473 gedruckten „Alexander" bzw. dem 1474 fertiggestellten Buch „Histori wie Troya die kostlich stat erstoret ward" entnommen. In der Regel haben die Drucker bei solcher Zweitverwendung aus fremden Kontexten darauf geachtet, dass sich das Bild thematisch weitgehend in die Geschichte einfügt. Dabei kam es offenbar nicht notwendig auf das gesamte Motiv an, sondern oftmals scheinen einzelne Elemente zu genügen, die es dem Betrachter ermöglichen, interpretatorisch einen kohärenten Erzählzusammenhang herzustellen. Seltener lässt sich vermuten, ein vorhandener Holzstock sei für seinen neuen Kontext bearbeitet worden, indem einzelne Figuren oder Motive aus dem Block heraus geschnitzt wurden.

Betrachtet man allerdings die Melusine-Serien im Ganzen, so fällt schnell auf, wie eng sie motivisch übereinstimmen. Die einmal gefundene Ikonographie bleibt prägend, Änderungen betreffen stilistische Neuerungen und Modernisierungen des Beiwerks bzw. ganzer Bildkonzepte. Tatsächlich lassen sich, von einer Ausnahme (das von Sigmund Feyerabend 1587 in Frankfurt gedruckte „Buch der Liebe") abgesehen, alle im 15. und 16. Jahrhundert gefertigten Folgen auf die beiden ersten Drucke von Bernhard Richel 1473/74 und Johannes Bämler 1474 zurückführen. Deutlich sind an den Illustrationen die Wege der Überlieferung abzulesen, und Straßburg und Augsburg, im 16. Jahrhundert auch Frankfurt am Main, erscheinen als die bedeutendsten Druckzentren. Ende der 1470er Jahre drucken in Straßburg wohl unabhängig voneinander Johann Prüss d. Ä. und Heinrich Knoblochtzer mit Holzschnitten nach Richel, und auch die kleineren und querformatig angelegten Stöcke von Knoblochtzers 1491 in Heidelberg besorgter Neuausgabe gehen hierauf zurück. Langanhaltender wirken die Illustrationen Johannes Bämlers, die zunächst in Augsburg um 1488 Vorbild waren für die „Melusine" von Johannes Schönsperger d. Ä., dann besonders im 16. Jahrhundert in den Serien für den Augsburger Drucker Heinrich Steiner (ab 1538) und den zahlreichen Frankfurter Drucken in den von Hans Brosamer gefertigten Illustrationen (1556) fortleben.

Die Fachliteratur spricht von Nachschnitten oder Neuschnitten, wobei diese beiden Begriffe terminologisch nicht sauber voneinander ab-

Abb. 10 *Reymond beobachtet Melusine im Bad*, Histoire de la belle Mélusine, Genf: Adam Steinschaber, 1478.

gegrenzt werden und oftmals gleichbedeutend nebeneinander Verwendung finden. „Nachschnitt" ist gebräuchlicher und findet in der Variante „Neuschnitt nach …" eine annähernde Entsprechung. Als „Nachschnitt" wird meist ein Holzschnitt nach einer Vorlage bezeichnet, der sich von jener motivisch und kompositorisch kaum unterscheidet, also keine eigenen Inventionen des Reißers zur absichtsvollen motivischen Veränderung des Bildes und damit seiner Aussage erkennen lässt. Dass es hier zu gravierenden Differenzen in Größe und Format, in der Qualität der handwerklichen Ausführung wie auch zu stilistischen Schwankungen kommen kann, bleibt davon unbenommen. Des selteneren Begriffs „Neuschnitt" bedient man sich dann, wenn der ursprüngliche Holzstock ersetzt werden muss, beispielsweise weil er verloren gegangen oder abgenutzt ist. Er bezeichnet aber auch einen Nachschnitt, der signifikante Veränderungen zu einem Vorbild oder Vorläufer aufweist und somit als dessen – häufig in einen anderen Kontext eingebettete – Variation zu begreifen ist, der auch eine künstlerische Invention zugesprochen wird.

Und genau hierin liegt die Schwierigkeit: zu beurteilen, welcher Nachschnitt – um bei dem gebräuchlichen und sicherlich übergreifenden

Begriff zu bleiben – im übertragenen Sinn ein bloßer Abklatsch seines Vorbildes ist und ab wann formal-stilistische, gestalterische und motivische Unterschiede solcherart in das Bild eingreifen, dass hier etwas Neues entsteht. (Der Begriff „Abklatsch", von frz. cliché, entstammt übrigens ebenfalls dem Bereich der Druckgraphik. Hierunter werden seit der 2. Hälfte des 16. Jahrhunderts nachweisbare Abformungen bestehender Druckstöcke mit Hilfe eines weichen, formbaren Materials wie Ton, später Gips oder Pappmaché zusammengefasst.). Wie auch bei dem Begriff der „Kopie" schwingt eine abwertende Nebenbedeutung mit, die in einem neuzeitlich-modernen Verständnis den Begriff des Originals wie auch in der Regel einer individuellen Künstlerpersönlichkeit als dessen Urheber voraussetzt.

Ein Blick auf die Überlieferung der „Melusine" macht deutlich, wie schwierig und wenig zielführend pauschale Beurteilungen ganzer Serien oder einzelner Holzschnitte sind. Obwohl der Ausgabe Richels in Basel selbst kein Nachdruck folgte, bot die Straßburger Buchproduktion schon wenige Jahre später, zwischen 1477 und 1481/83, mit drei Ausgaben Heinrich Knoblochtzers und einer um 1478 zu datierenden Ausgabe von Johann Prüss d. Ä. eine eigene Überlieferungsgruppe. Die Illustrationen der Ausgaben Knoblochtzers, alle drei gedruckt mit der gleichen Holzstocksequenz, lehnen sich in Bildaufbau, Hintergrundgestaltung sowie den Merkmalen der Figuren eng an die Richel-Ausgabe an und werden als deren Nachschnitte bezeichnet. Dabei zeigen sich im Vergleich signifikante Details, die die Bildkonzeption insgesamt verändern; als Beispiel sei die Szene der Sterndeutung vorgeführt, als sich Reymond und Graf Emmerich auf der Jagd verirrt hatten und die Sterne einen indirekten Hinweis auf das Schicksal der beiden geben. Der annähernd quadratische Holzschnitt Knoblochtzers (Abb. 11) ist in den nur wenig breiteren Satzspiegel eingebettet und füllt durch das veränderte und deutlich verkleinerte Bildformat (119 × 124 mm) nun nicht mehr wie bei Richel (vgl. S. 49) eine ganze Seite aus. Der Titulus ist enger eingezogen, wodurch er sich vom fließenden Text ebenso wie vom knapp satzspiegelbreiten Bild absetzt. Er bildet einen eigenständigen Textblock, der eine starke gliedernde Wirkung entfaltet. Der Holzschnitt zeigt gegenüber Richel eine reduzierte, teilweise durchaus vergröbernde Linienführung. Fast ganz ohne Binnenschraffur, umreißen die Linien Körper, die durch die veränderte Komposition im Vergleich mit der statischen Erscheinung der Bilder Richels bewegter wirken. Die beiden Reiter, Reymond und hinter ihm der Graf Emmerich, wurden dichter aneinander, d.h. hintereinander gerückt, das Bein des Grafen und seine zweite Hand, die bei Richel noch für den Betrachter sichtbar die Zügel führt, sind dadurch nicht mehr gezeigt; die Pferde haben ihre Gangart geändert, scheinen schneller voranzukommen, und die beiden nun höher im Bildfeld aufragenden Bäume markieren durch ihre unterschiedliche Größe bzw. perspektivische Verkürzung die Tiefe des Bildraums, nicht nur die Begrenzung der seitlichen Bildfläche, wie dies bei Richel der Fall war. Die gleiche Höhe der Köpfe beider Reiter ist zugunsten einer – scheinbar räumlichen – Staffelung aufgegeben. Die Sterne, auf die Emmerich mit pointiert ausgestrecktem Zeigefinger hinweist, sind auf eine Seite und damit wiederum in eine räumlich dem Grafen zugeordnete Position zusammengerückt. Gegenüber der auf die Bildfläche und an den Bildachsen ausgerichteten Komposition der Ausgabe Richels wird mit diesen scheinbar geringfügigen Änderungen eine neue räumliche

Abb. 11 *Sterndeutung*, Straßburg: Heinrich Knoblochtzer, 1477.

Tiefe und eine Dynamisierung erreicht. Diese Tendenzen teilen die Knoblochtzerschen Holzschnitte übrigens mit denen der Augsburger Ausgabe Bämlers von 1474 (Abb. 12), die neben den Richelschen Vorlagen durchaus auch eine anregende Wirkung gehabt haben können; jedenfalls geht der Reißer der Offizin Knoblochtzers mit der ikonographischen Vorlage in einer Formensprache und künstlerischen Eigenart um, die der Bildsprache Bämlers vergleichbar ist. Gegen Ende des 15. Jahrhunderts, 1491, brachte Knoblochtzer noch einmal eine „Melusine" zum Druck, nachdem er seinen Standort nach Heidelberg verlegt hatte. Die Illustrationen, nun geschrumpft (ca. 54 x 67 mm) und in den zweispaltigen Satz eingefügt, erweisen sich als seitenverkehrte Nachschnitte nach seinen Straßburger Illustrationen. Der künstlerische Anspruch ist sichtlich gesunken und die Motivik wurde formelhaft verkürzt. Dazu trägt die flüchtig erscheinende, durch viele, aber wenig präzise Linien und Schraffuren bisweilen bis zur Unleserlichkeit verkümmerte Graphik bei, die vielfach nur noch in Kenntnis der Vorlage überhaupt lesbar wird. Eine kostengünstige Ausgabe herzustellen, scheint hier vorrangiges Ziel gewesen zu sein.

Die 63 Illustrationen der Straßburger Ausgabe von Johann Prüss (1478/79; GW 12659), wiederverwendet von dem mit Prüss in geschäftlicher Verbindung stehenden Matthias Hupfuff in seiner Ausgabe von 1506, entsprechen den Bildern Richels, zu denen sie sich mit Ausnahme des ersten Holzschnitts seitenverkehrt verhalten, nicht nur motivisch, sondern in der gesamten Zeichnung, Linienführung und Größe ziemlich exakt, sodass man geneigt ist, direkte Pausen anzunehmen. In Details können Vereinfachungen durch den Formschneider gesehen werden, aber es werden vereinzelt auch signifikante Veränderungen vorgenommen, die den Inhalt des Bildes verschieben und als absichtliche Korrekturen der Aussage zu begreifen sind, die sich auch über hergebrachte ikonographische Formeln hinwegsetzen. In der Vermessung des Lehens wird der bei Richel dargestellte dritte Helfer (vgl. S. 59) durch ei-

Abb. 12 *Sterndeutung*, Augsburg: Johann Bämler, 1474.

nen felsigen Hügel ersetzt (Abb. 13). Damit wird nicht nur dem Text entsprochen, in dem von genau zwei Helfern die Rede ist, sondern auch die unwahrscheinliche Größe des Lehens besser angezeigt, die eben auch *den Felsen und den erwähnten Turstquell und eine große Fläche des Tals* umspannt. Auf die das Bild nach vorne abschließende Pflanze wird dagegen verzichtet, die Komposition dadurch zum Betrachter hin geöffnet.

Abb. 13 *Vermessung des Lehens*, Straßburg: Matthias Hupfuff, 1506, nach der Ausgabe Straßburg: Johann Prüss d. Ä., 1477.

Abb. 14 *Verbrennung des „türckischen Kaisers"*, Straßburg: Matthias Hupfuff, 1506, nach der Ausgabe Straßburg: Johann Prüss d. Ä., 1477.

Eine ausgedehnte Textpassage erzählt vom Kampf der Christen gegen die Ungläubigen, die die böhmische Stadt Prag belagern. Deren Anführer wird als türkischer Kaiser oder Sultan bezeichnet. Um eine dargestellte Figur mit dem Rang eines höchsten Herrschers oder seines Bevollmächtigten zu kennzeichnen, bedient die spätmittelalterliche Ikonographie sich einer Bügelkrone, wie sie dem römisch-deutschen Kaiser zukommt. Dass diese von einem Kreuz bekrönt ist, wird offenbar erst in zweiter Linie als Ausdruck des christlichen Bekenntnisses ihres Trägers verstanden; nur so lässt sich ihre verbreitete Verwendung auch in Kontexten erklären, wo sie einer ganz klar nicht christlichen Figur zugebilligt wird. So nimmt es nicht Wunder, auch Richels Sultan mit einer Bügelkrone auf dem Haupt in den Flammen zu sehen, die seine Existenz nach verlorener Schlacht schmachvoll auslöschen sollen (vgl. S. 107). Der Prüss'sche Reißer jedoch verzichtet auf das bekrönende Kreuz und stellt das als von einer wahren Historia berichtende Bild dem Medium des Textes inhaltlich ebenbürtig an die Seite (Abb. 14).

Die Gründe für Nachschnitte lassen sich differenzieren. Zunächst sind es sicherlich Rationalisierungsbestrebungen, spart man sich auf diesem Wege doch den Aufwand, eigene Entwürfe anfertigen zu müssen. (Schon zu Inkunabelzeiten waren Raubdrucke ein probates Mittel, schnell und risikoarm ein gutes Geschäft zu machen. Der schon genannte Augsburger Drucker Johann Schönsperger d. Ä. brachte erstmals 1497 einen Raubdruck der Schedel'schen Weltchronik von 1493 auf den Markt, die dem Original vor allem preislich erhebliche Konkurrenz machte, da sie kleiner und auf billigem Papier gedruckt war.) Hinzu tritt sicherlich auch das Moment einer bereits vorhandenen örtlichen Bildtradition, die besonders dort auffällt, wo die Textvorlage ganz offensichtlich nicht zugleich auch die Bildvorlage lieferte, wie bei den Holzschnitten für Heinrich Steiners seit 1538 mehrfach herausgebrachte Ausgaben. Während der Text auf einen Druck Johann Knoblochs von 1516 zurückgeht, der die Holzstöcke der Heidelberger Ausgabe Knoblochtzers wiederverwendete, lässt der Drucker neue Holzschnitte nach dem ersten Druck des Augsburgers Johannes Bämler 1474 anfertigen, bildsprachlich freilich den Ansprüchen und Sehgewohnheiten eines Renaissance-Publikums angepasst (Abb. 15, 16, vgl. S. 55): schwungvolle Linienführung, feine Schraffuren, die nicht nur Licht- und Schattenpartien, sondern auch Material und Oberflächenstruktur der abgebildeten Gegenstände – Stoffe und Gewänder, Haut und Haare, Gras und Felsen usw. – nachahmen, zeitgenössisch aktualisierte Kostüme, vor allem aber eine neue Bildkonzeption. Gegenüber dem Holzschnitt Bämlers, aber auch Richels, wird der Bildraum nun zusätzlich durch die Drehung der Körper erschlossen: Während das Pferd in einem Galoppsprung die sichtbare Bildfläche nach rechts zu verlassen scheint, wendet sich der Reiter zu Melusine zurück. Dabei dreht sich Reymond über seine rechte Schulter, also über den Betrachter vor dem Bild, während Bämler und Richel versuchen, mit der vom Betrachter abgewandten Rückenfigur Reymonds – und einer extrem erscheinenden Profilansicht des Kopfes – eine Wendung in den Raum und damit räumliche Tiefe zu sug-

gerieren. Die entscheidende Drehung hat bereits Schönsperger in seiner 1485 erschienen Ausgabe mit sog. Nachschnitter nach Bämler geleistet (Abb. 17).

Bis zum Ende des 16. Jahrhunderts trägt der Großteil der „Melusine"-Ausgaben Merkmale, die von den Ausgaben Steiners herrühren und damit bildmotivisch immer noch den Inkunabeln Bämlers verbunden sind. So wiederholt sich hier, was auch in der Handschriftenillustration und der Inkunabeldruckzeit zu beobachten ist, dass sich nämlich lokale, über einen großen Zeitraum konstante Bildtraditionen herausbilden, die aber in den Nachschnitten formale bzw. stilistische und teilweise die Bildkonzeption grundsätzlich verändernde Neuerungen erfahren, die es durch Detailanalyse herauszuarbeiten gilt.

Abb. 15 *Abschied am Turstbrunnen*, Augsburg: Heinrich Steiner, 1538.

Abb. 16 *Abschied am Turstbrunnen*, Augsburg: Johann Bämler, 1474.

Abb. 17 *Abschied am Turstbrunnen*, Augsburg: Johann Schönsperger d.Ä., um 1488.

Die Figur der verzauberten Melusine

Ein eingehender Blick auf die Variationen der Figur der Melusine ist allein schon aufgrund ihres eigentümlichen Wesens aufschlussreich. Nicht nur, weil sie für die Geschichte und ihren Verlauf von zentraler Bedeutung ist, sondern auch, weil ihre verzauberte Gestalt – halb Frau, halb Schlange oder Fisch – im Laufe der Zeit wechselhaft interpretiert wurde. Sie bot den Malern und Reißern die Möglichkeit, auch erotische Untertöne anzustimmen und ist schließlich ganz in verwandten Wesen wie Nixen, Sirenen und Meerfeen aufgegangen.

Auch Richel lässt keinen Zweifel an der Feengestalt Melusines. Zwei Möglichkeiten bietet die Erzählung, sie als Mischwesen zu zeigen, und er macht – wie die übrigen Frühdrucker und schon die Handschriften zuvor – von beiden Gebrauch. Das erste Mal bietet die Szene der verbotenen Beobachtung Melusines im Bad die Möglichkeit oder besser die Notwendigkeit, sie als das eigentlich vor den Blicken der Menschen verborgene Mischwesen zu offenbaren (vgl. S. 117). Durch die geöffnete Wand der Badestube sieht der Betrachter ihren weiblichen Oberkörper mit entblößten Brüsten; zugleich hält sie aber die Hände in der seit der antiken „Venus pudica" bekannten Geste über der Scham gekreuzt und trägt als ehrbare Frau die Haare unter der zweigipfligen Haube gebunden. *Vom Nabel abwärts war sie ein mächtiger, langer, bedrohlicher Schlangenschwanz, blau schillernd mit silbern leuchtender Farbe, und darin silberne Tröpfchen eingesprengt, wie eine Schlange ist*. Die Wasseroberfläche trennt die beiden ungleichen Körperteile und verschleiert zugleich den mit den Händen bedeckten Übergang. Der Schlangenschwanz ringelt sich gut sichtbar im und mehr noch auf dem Wasser. Ein weiteres Mal zeigt sich Melusine als Fee, als sie Lusignan verlässt (vgl. S. 133). Zusätzlich zum Fischschwanz sind ihr nun Drachenflügel aus dem Rücken gewachsen, mit deren Hilfe sie der vertrauten Welt durch die Luft entflieht. Außer den Brüsten zeigt der Reißer keine Andeutung einer weiblichen oder gar erotischen Natur. Der Fokus liegt auf den Gesten der Verzweiflung und Trauer, die kaum dazu angetan sind, Begehrlichkeiten aufkommen zu lassen. Dazu gibt die Erzählung, in der Melusine als die Begründerin eines weit verzweigten Adelsgeschlechts in Erscheinung tritt, auch keinen Anlass. Zwar ist sie als Mischwesen in einem Zwischenreich beheimatet, jedoch tritt sie ausnahmslos sittsam-tugendhaft auf und erweist sich als hochgestellte Dame, die vorbildlich in Einklang mit den weltlichen und kirchlichen Normen ihrer Zeit lebt. Ihre ritterlichen Söhne vollbringen ungezählte Heldentaten, und wären nicht die außergewöhnlichen körperlichen Makel, ließe sich beinahe vergessen, dass ihre Mutter mit einem Fluch beladen ist. So wie den Lusignan gerade diese Mischgestalt der Melusine zur Mythisierung ihres Geschlechtes diente, konnten sie sich auf diese Weise doch von den Geschlechtern allein menschlicher Abkunft absetzen, so selbstverständlich war es zu Richels Zeiten und darüber hinaus, die Melusinen-Erzählung auch als genealogische Historie zu begreifen.

Erstmals hat dies Johann Bämler in seiner 1480 veröffentlichten Neuauflage der „Melusine" verbildlicht (Abb. 18). Ein der eigentlichen Erzählung vorangestellter Einleitungsholzschnitt von Hand des sog. Sorg-Meisters (benannt nach dem Augsburger Drucker Anton Sorg, für den dieser Reißer zahlreiche Holzschnitte anfertigte) zeigt frontal dem Betrachter zugewandt Melusine in ihrer verzauberten Gestalt. Ihr nackter Oberkörper ruht auf einem geschuppten Schlangenschwanz, der sich in dem als sechseckiges Wasserbassin bezeichneten Turstbrunnen ringelt. Zu ihrer Rechten befindet sich hinter einem angedeuteten Torbogen, aus dem sich ein Wasserlauf in den

Bildvordergrund ergießt, ihre Schwester Melior mit dem Sperber, zu ihrer Linken sitzt Palestine auf einem Hügel, bewacht von zwei Drachen. Die drei Schwestern tragen Kronen, die sie als Töchter eines Königs ausweisen, Melusine trägt zusätzlich die doppelte Hörnerhaube. Wie aus einer Wurzel oder einem Stamm wachsen aus Melusines Hüften zwei Äste, deren Fruchtstände fünf von Blattranken wie von Medaillons umkränzte Halbfiguren ihrer Söhne zeigen, je einer zu Seiten ihres Kopfes, drei weitere in einer Reihe darüber. Zwischen den Zweigen entrollen sich Schriftbänder. In das hinter Melusines Haupt ist *melusina* eingedruckt, die Namen der Schwestern wie auch zweier Söhne sind handschriftlich nachgetragen: über Melusine befindet sich *Gefroy mit dem zahn*, der ihm gut sichtbar aus dem Mundwinkel ragt, und der bartlose Jüngling mit Schwert rechts oben ist als *diterich* bezeichnet. Zwei bekrönte Figuren zur anderen Seite Geffroys und unterhalb Dietrichs können an ihren Kronen als die Könige Uriens und Gyot identifiziert werden, ein weiterer Jüngling zur Rechten Melusines ist unbezeichnet, möglicherweise Anthoni oder Reinhart, Fürst von Luxemburg bzw. König von Böhmen. Die Ikonographie ist nicht ungewöhnlich und lässt beispielsweise an Wurzel Jesse-Darstellungen denken, die den Stammbaum Jesu aus dem Haus Davids verbildlichen. Dem zeitgenössischen Betrachter wird so nicht nur das wichtigste Personal der folgenden Geschichte vorgestellt, durch die genealogische und zugleich auch sakral verwendete Bildformel wird auch ihr Wahrheitsgehalt unterstrichen. Obwohl am Oberkörper nackt, sind die weiblichen Attribute vollkommen zurückgenommen. Ihre zu einem Redegestus erhobenen Hände entziehen die Brüste weitgehend den Blicken des Betrachters. Anstelle der Scham setzt der geschuppte Schlangenschwanz an.

Dennoch wird schon früh eine ergänzende Interpretation der Gestalt Melusines angedeutet. Ein Blick auf die zentrale Badeszene bei Johann Bämler und insbesondere in der 1488 gedruckten Ausgabe von Johann Schönsperger zeigt Reymond mit seinem Oberkörper bzw. mit der ganzen Figur im Türrahmen stehend, womit er seiner Gemahlin in einer tabuisierten Zone außerhalb des ehelichen Bettes körperlich nahezukommen scheint (Abb. 19). In den fol-

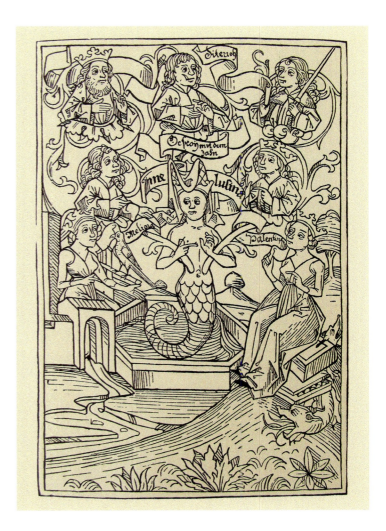

Abb. 18   Einleitungsholzschnitt zur *Melusine*, Augsburg: Johann Bämler, 1480.

Abb. 19   *Reymond bricht seinen Eid und beobachtet Melusine im Bad*, Augsburg: Johann Schönsperger d. Ä., um 1488.

Abb. 20   Titelblatt zur *Melusine*, Augsburg: Heinrich Steiner, 1540.

und halb Frau sind und als erlösungsbedürftige Meerjungfrauen oder Verderben bringende Nixen in einer Vielzahl von Erzählungen auftreten.

Zwar findet sich das Schema Steiners vereinzelt noch in Drucken des 18. Jahrhunderts, doch setzt sich insgesamt ein neues Verständnis der Melusine als Mischwesen mit deutlichen erotischen Konnotationen durch. War die Fischgestalt bei Steiner auch in der zentralen Badeszene vergleichsweise zurückhaltend angedeutet, wird Melusine in der Straßburger Ausgabe von Christian Müller 1577 dort erstmals als eitle, ihr Haar kämmende Meerfee mit schuppigem Fischschwanz gezeigt (Abb. 21). Die „Melusine" hat sich von einer faktischen in eine literarische Erzählung gewandelt, in der es um Wunderliches ebenso geht wie um die wechselhaften Launen des Schicksals: *Die schoene und liebliche Histori oder wunderbarliche Geschicht von der Edlen und schoenen Melusina. Darauß man des Gluecks und zeitlichen wesens unbestendigket mit fleiß erlernen mage.* Schließlich zieren die Titelblätter verschiedener Ausgaben des späten 17. Jahrhunderts Wassernixen, die inmitten der Wellen eines Meeres auf einer Harfe

Abb. 21   *Reymond bricht seinen Eid und beobachtet Melusine im Bad*, Straßburg: Christian Müller, 1577.

genden Jahrzehnten zeigt sich das gewandelte Verständnis der Figur Melusines auch in den Titelblättern. Noch Heinrich Steiner hat in seinen „Melusine"-Drucken auf Bämlers ikonographische Invention zurückgegriffen. Doch schon im Titel wird der genealogischen Geschichte eine ästhetische Betrachtungsweise der Hauptfigur an die Seite gestellt: *Die histori oder geschicht vonn der edeln unnd schoenen Melusina*, heisst es nun (Abb. 20). Auch die Gestalt der Titelheldin hat sich verändert. Ihr Schwanz ist nun zweigeteilt, je ein Strang windet sich um einen aus den Hüften wachsenden Ast, und die Enden ähneln auffallend einer Fischflosse. Vor allem aber scheint Melusine ihre Scham zu entblößen, wodurch sie eine deutlich erotische Komponente erhält. Die mythische Figur der Melusine verbindet sich hier mit weit verbreiteten Sagengestalten von Wasserwesen, die halb Fisch

spielen. Ihre sinnliche Schönheit und ihr Gesang wirken betörend und bringen den verführten Männern Verderbnis und Unglück. Melusine als genealogische Ahnherrin der Lusignan scheint vergessen angesichts dieser Figuren aus dem Reich der Fabeln. Vermutlich stammen auch die Holzschnitte aus solchen fremden Kontexten.

Die „Melusine" des Bernhard Richel

Der Drucker Bernhard Richel und das Umfeld in Basel

Über die Person des Basler Druckers der „Melusine", Bernhard Richel, ist vergleichsweise wenig bekannt. Erstmals am 12. März 1472 in der oberrheinischen Stadt aktenkundig, hat er am 4. August 1474 dort das Bürgerrecht erworben. Aus dem Eintrag in den Bürgerbüchern geht Ehenwiler bei Schlettstatt als der wahrscheinliche Heimatort Richels hervor. Vermutlich hat er sich jedoch einige Zeit in Nürnberg aufgehalten und von dort möglicherweise sogar erhebliches Geschäftskapital erhalten, das durch den Nürnberger Jakob Kungschaher am 16. Januar 1473 zurückgefordert wurde. Richel versprach, die Schuld mit Büchern zu begleichen, die bis Fastnacht gedruckt sein sollen. Vor diesem Hintergrund ist auch das Nürnberger Wappen erwähnenswert, das sich neben dem Basler in der Zierleiste auf dem ersten Blatt der „Melusine" findet (vgl. S. 41), wenngleich sich nicht sicher sagen lässt, ob hierin die zu begleichende Schuld angedeutet ist oder ob es sich lediglich um einen versteckten Herkunftshinweis des Druckers handelt. Als Besitzer eines Hauses „Zum kleinen Blumen" in Basel war er wohl nicht ganz unvermögend. Ein letzter Eintrag erwähnt Bernhard Richel am 20. Februar 1482 in Basel, am 6. August desselben Jahres war er bereits verstorben; das genaue Datum seines Todes ist nicht bekannt.

Mit seiner „Melusine" eröffnet sich Richel ein noch recht junges Marktsegment mit volkssprachlicher Literatur. In den ersten Jahrzehnten des Buchdrucks dominieren lateinische Werke den Buchmarkt. Das war auch in Basel nicht anders, da v. a. die Bibliotheken der Klöster, deren Skriptorien lange Zeit der traditionelle Ort der Schriftlichkeit waren, als Käufer für Bücher auftraten. Volkssprachliche Literatur hingegen richtete sich bevorzugt an ein hochstehendes Laienpublikum, das sich diese vergleichsweise kostspielige Anschaffung leisten konnte. Schon die handschriftliche volkssprachliche Textproduktion ging von den Höfen der weltlichen Herrscher aus und war für diese bestimmt, wie die Verschriftlichung der „Melusine" selbst ja auch ihren Ursprung in einem gräflichen Auftrag hat. Mit der Einrichtung der Basler Universität 1459 – nur gut ein Jahrhundert nach der ersten, 1347 in Prag gegründeten, deutschen Universität – dürfte die Nachfrage nach Büchern und zugleich die Lesefähigkeit innerhalb der Bevölkerung gestiegen sein. Und so vergehen keine zehn Jahre, bis ein ehemaliger Geselle Gutenbergs, Berthold Ruppel, spätestens 1470 die erste Druckerpresse in Basel errichtet. Rasch folgten weitere Offizinen und der Basler Buchdruck entwickelte sich zu einem wichtigen Exportgut.

Richels Druckausgabe der „Melusine"

Dafür, dass Richel wohl ein zahlungskräftiges Publikum für seinen Druck im Auge hatte, spricht dessen großzügige Anlage und Ausstattung. 67 großformatige Holzschnitte (177 × 135 mm) begleiten auf 200 Seiten die Erzählung in engen Schritten. Das Folioformat – eine Buchseite misst etwa 290 × 207 mm – lässt an prunkvolle Handschriftenkodices denken, und die Illustrationen werden beinahe verschwenderisch nur mit der Bildbeischrift auf der Seite freigestellt. Zwar war Papier im Vergleich zum wertvollen Pergament deutlich preisgünstiger, dennoch blieb es gerade im absatz- und umsatzorientierten Markt gedruckter Bücher ein Kostenfaktor. Der Text ist aus der Gothico-Antiqua gesetzt und in einer Kolumne eingerichtet. Auch hier hat Richel einen großzügigen Rand gelassen, misst der Satzspiegel doch maximal 208 × 134 mm bei 27 bis 35 Zeilen. Schon Richels unmittelbare Adressaten dürften seine Ausgabe geschätzt haben. Darauf deuten individuell besonders schön ausgestattete Exemplare wie das in Darmstadt verwahrte hin.

Der Druck ist nicht datiert und nicht firmiert, d. h. weder Druckername noch Druckort sind angegeben, eine Zuschreibung an Richel ist durch Vergleiche der Drucktypen und des verwendeten Papiers dennoch möglich. Die Frage der Datierung ist weniger einfach zu klären. Neben den Wasserzeichen des am Freiburger Exemplar untersuchten Papiers, das schon 1473 geschöpft worden sein könnte, wird auch das schon genannte Nürnberger Wappen als

Hinweis darauf interpretiert, dass die „Melusine" möglicherweise 1473 bereits fertiggestellt gewesen sein könnte, um die für Fastnacht desselben Jahres versprochene Tilgung der Schulden bei dem Nürnberger Geschäftspartner zu ermöglichen.

Man schätzt die ursprüngliche Auflage auf die beträchtliche Anzahl 200 bis 300 Stück. In dieser Größenordnung wird Richel kaum nur für den lokalen Markt produziert, sondern seine eigenen Erzeugnisse ebenso wie die Ware anderer Drucker auf den großen Messen im gesamten deutschsprachigen Raum vertrieben haben. Schon im 15. Jahrhundert war die Frankfurter Messe Umschlagplatz für Bücher und Druckwerke, und seit 1471 besaß auch die Stadt Basel ein kaiserliches Messprivileg. Aus Richels Offizin sind auch Werke hervorgegangen, die aufgrund ihres Dialekts oder ihres Inhalts für ein Basler Publikum nicht von Interesse waren. Von der „Melusine" hat sich bis heute die geringe Zahl von zehn meist unvollständigen Exemplaren erhalten. Neben dem Darmstädter Exemplar sind auch die in Karlsruhe, Washington und Olmütz verwahrten Drucke durchgängig, wenngleich in sehr unterschiedlicher Sorgfalt, koloriert (vgl. Abb. 7, 8, 9), weitere sind mit farbigen Rubriken, Lombarden oder einzelnen farbig hervorgehobenen Textstellen versehen.

Die Illustrationen

Alle Holzschnitte sind von einem einfachen Rahmen eingefasst. Daher wirken sie im Vergleich zu handschriftlichen Bildern spätmittelalterlicher Kodizes, denen eine solche Begrenzung oft fehlt, in sich geschlossener. Sie erhalten so eine eigene Ästhetik, die jedoch auf eine technische Notwendigkeit zurückzuführen ist. Stege an den äußeren Kanten stellen sicher, dass ein Holzschnitt in der Presse gleichmäßig belastet wird.

Für die Komposition der für die Entstehungszeit um 1473/74 auffallend altertümlich inszenierten Bilder erweist sich die Rahmung als konstitutiv, insofern sie die Hauptachsen vorgibt, an denen alles ausgerichtet ist, und die Flächenbindung betont, der der in Schichten organisierte Bildraum unterworfen ist. Räumliche Tiefe wird nahezu ausschließlich durch Überschneidungen visualisiert und perspektivische Verkürzung bevorzugt durch die Schrägstellung von Mobiliar und Architektur angedeutet, die in der ansonsten an horizontalen und vertikalen Linien ausgerichteten Bildstruktur besonders ins Auge fällt. Wie auf einer Bühne werden die allein schon durch ihre relative Größe das Bild dominierenden Figuren platziert. Die Szenerie wird versatzstückartig durch wiederkehrende Motive pointiert charakterisiert: felsenartige Erhebungen, die, in die unteren Bildecken gesetzt, den Bildraum gegen den Betrachter abgrenzen und ihm gleichsam den Blick auf die Bühne erlauben, schlanke, hochgewachsene Bäume mit runder Blätterkrone sowie zeichenhafte Architekturelemente. Innenräume werden nicht einheitlich als solche kenntlich gemacht. Häufig wird in das hochrechteckige Bildfeld ein Segmentbogen eingesetzt, der in den oberen Ecken Zwickel ausbildet, sodass sich die Szenerie dem Betrachter wie durch ein Fenster öffnet. Ein probates Mittel zur Verstärkung dieses Eindrucks ist die Darstellung von Wandöffnungen, eingezogenen Balkendecken oder Bodenfliesen, die, obwohl perspektivisch keineswegs korrekt, in die Tiefe fluchten und den Betrachter in das Bild hinein ziehen. In anderen Holzschnitten begnügt der Reißer sich damit, das wichtigste Mobiliar abzubilden, um den Ort des Geschehens zu bezeichnen. Schon der Eröffnungsholzschnitt zeigt den Kaplan hinter seinem Schreibpult scheinbar unter freiem Himmel (vgl. S. 43), und auch die Begegnung Reymonds und Melusines in der Kapelle stellt den Figuren lediglich einen Altar zur Seite (vgl. S. 61). Dennoch hinterlässt der Reißer durch die sehr reflektierte Ordnung und die monumentale, repräsentative, klar erfassbare, „zeitlose" d.h. auf eine zeitliche Dynamik durch Bewegung der Figuren verzichtende Darstellung beim Betrachter den Eindruck einer plausiblen Handlungs- und Raumsituation, wie ein Blick auf die „Lehensvergabe" zeigt (vgl. S. 57): Obwohl der Raum undefiniert und Reymond stehend kaum größer ist als der sitzende Graf Bertram, gelingt dem Reißer eine ausgewogene Komposition durch die enge Zuordnung der beiden einerseits, die zentrale Anordnung Reymonds und seine Freistellung zwischen Thron und Jäger bei gleichzeitiger knapper Überschneidung und die Anpassung der Größe des stehenden Jägers an die Höhe des Thronbaldachins andererseits.

Die Kleidung der Figuren ist nach Art der in der zweiten Hälfte des 15. Jahrhunderts in Europa weit verbreiteten Mode des burgundischen Hofes gestaltet, ohne dass sich eine genauere lokale oder zeitliche Einordnung vornehmen ließe. Die Hauptfiguren sind an ihren immer gleichen Gewändern zu identifizieren. Sie ändern auch im Verlauf der über Jahrzehnte dauernden Erzählung ihr Aussehen nicht, bleiben immer im gleichen Alter, wie sie zum ersten Mal im Bild präsentiert werden. Die entstellenden Male der Söhne werden nur bei Geffroy mit dem Eberzahn konsequent dargestellt, der Schlüsselfigur neben dem Vater Reymond mit ausgeprägten Bezügen zur historischen Gestalt Gottfrieds II. von Lusignan, genannt Geoffroy à la Grand Dent (um 1200 – 1242/48).

Stilistisch sind die Illustrationen insgesamt homogen und gehen sicherlich auf einen einheitlichen Entwurf zurück. Differenzen in der Ausarbeitung zeigen jedoch an, dass die Holzstöcke nicht alle nur von einem einzigen Formschneider gearbeitet wurden, eine im arbeitsteiligen Prozess der Buchherstellung und angesichts der relativ großen Anzahl der Bilder nicht ungewöhnliche Beobachtung.

Die Größe der Richel-Illustrationen führt zu einer weiteren Überlegung: Inwiefern sie nämlich als eigenständiges erzählerisches Mittel in einer größeren Leserunde eingesetzt worden sein mögen. Zwar liegen keine sicheren Quellen über die Käufer der Bücher und ihre Lesefähigkeit vor. Doch ist davon auszugehen, dass das übliche gemeinsame und laute Lesen auch weiterhin gepflegt wurde. Dass die Bilder als Schrift für leseunkundige Laien fungieren, ist zum Topos geworden, ohne dass die Rückbindung an den ursprünglichen Kontext des Streits um Bilder in der Frühzeit der Ausbreitung christlicher Kultur im Mittelalter präsent blieb. Immerhin bleibt darin die Feststellung einer Lesbarkeit der Bilder und damit einer Sprache der Bilder lebendig, Voraussetzung für erzählende Bilderfolgen in Büchern wie der „Melusine". Auch Sebastian Brant, der Verfasser des 1494 ebenfalls in Basel erstmals gedruckten „Narrenschiff", für das u.a. der junge Albrecht Dürer Holzschnitte gefertigt hat, hat den Topos in seinem Vorwort bemüht: *Wer jeman, der die schrift veracht oder villicht die nit kund lesen der siecht im molen wol sin wesen*, d. h. in der Übersetzung von Karl Simrock, 1872: „Wer ein Verächter ist in der Schrift, oder hat nicht gelernt zu lesen, erkennt im Holzschnitt wohl sein Wesen." Allerdings kann die Holzschnittsequenz den Inhalt der Erzählung nur bedingt unabhängig vom Text vermitteln. Freilich sind die Protagonisten Melusine und Reymond sowie ihr heldenhafter Sohn Geffroy in den Holzschnitten durch immer wiederkehrende Kleidung und Attribute kenntlich gemacht. Zahlreiche Motive und Szenen wie Hochzeiten, Turniere und Schlachten geben aber nur im Kon-Text ihre korrekte Aussage preis.

Insgesamt bleiben in den Illustrationen Richels die erzählerischen Elemente hinter der zeichenhaften Ausrichtung zurück. Auffällig ist die Diskrepanz zwischen den fein und detailreich gearbeiteten menschlichen Figuren einerseits und der reduziert ausgestalteten, oftmals nur angedeuteten Szenerie andererseits. Die unstimmigen und ganz offensichtlich nicht an der Natur orientierten Größenverhältnisse betonen die einzelnen Motive und ihren Zeichencharakter. So genügt dem Reißer bei Vermählungsszenen die Darstellung eines Altares, um auf eine Kirche als Ort des Geschehens hinzuweisen. In anderen Bildern werden ganze Architekturkomplexe auf ihre charakteristischen Merkmale reduziert. Großartige Schloss- und Burganlagen schrumpfen zu schlichten Torbögen zwischen Rundtürmen, die wenig größer sind als die Figuren, denen sie als Kulisse dienen. Damit wird das Wesentliche des Bildes auf einen Blick erfassbar und der Betrachter nicht von der zentralen, letztlich auf den Text zurückzuführenden Aussage abgelenkt.

Mit ihrer ausgeprägten Gestik sprechen die Figuren als Träger der Handlung nicht nur zueinander, v.a. adressieren sie direkt den Betrachter. Bereits der erste Textholzschnitt (vgl. S. 43) zeigt rechts einen Mann, der mit einer auffallenden Geste auf den hinter seinem Pult sitzenden Schreiber und das vor ihm liegende aufgeschlagene Buch weist. Der Schreiber seinerseits antwortet mit einer belehrenden Geste, deren Bedeutung dem zeitgenössischen Betrachter auf einen Blick verständlich gewesen sein dürfte. Die steife und formelhafte Komposition verleiht dem Bild insgesamt eine Atmosphäre der Gelehrsamkeit, hinter der die erzählerische Komponente der Auftragsvergabe zurücktritt. Dass es sich bei den dargestellten Figuren um den Grafen von Parthenay, der die Familiengeschichte niedergeschrieben wissen wollte, und den Geistlichen namens Coudrette handelt, nicht etwa um Thüring von Ringoltingen und den Markgrafen von Hochberg, der die im Buch wiedergegebene Übersetzung ins Deutsche veranlasst hat, geht allein aus der Bildbeischrift und dem nachfolgenden Text hervor.

Auch Emotionen lassen sich durch ritualisierte Gesten klar und unmissverständlich verbildlichen. Reymond ist, nachdem er seinen Onkel bei dem tragischen Jagdunfall getötet hat, zunächst tief in Trauer und Schmerz versunken (vgl. S. 51). Gegenüber Betrachter und Außenwelt verschließt er sich, indem er seine Arme vor der Brust kreuzt. Als er der ihm noch unbekannten Melusine und ihren Schwestern am Turstbrunnen begegnet, wandelt sich diese Innerlichkeit in laut vorgetragenen Schmerz, den er mit erhobenen Armen klagt (vgl. S. 53). Diese klare Darstellung ist ganz darauf ausgelegt, dem Betrachter einen unmissverständlichen Bildsinn zu vermitteln, der einen wesentlichen Aspekt des vielschichtigeren Textzusammenhangs dominant herausstellt, und lässt ihm vergleichsweise wenig Spielraum für eigene Interpretationen. Das unterscheidet Richels Illustrationen sowohl von der etwa zeitgleich gedruckten „Melusine" Johann Bämlers, als auch von den nachfolgenden Zyklen, die sich dem Betrachter zunehmend öffnen.

Die großflächigen Gesichter wiederholen sich ohne wirklich individualisierende Variationen. Die mimische Ausdruckfähigkeit beschränkt sich auf die großen Augen unter geöffneten oder halb geschlossenen Lidern. Außer in den eher seltenen Profilansichten sind die Münder, nur durch eine Linie angedeutet, immer schmal und geschlossen; alle Nasen werden lang und gerade eingezeichnet, was sich im bevorzugten Halbprofil als ein Haken ausprägt, der mit einem oder beiden Brauenbögen verbunden wird.

Die Auswahl der Szenen, die mit einem Holzschnitt und einer zugehörigen Zusammenfassung eines Erzählmoments hervorgehoben werden, lässt sich nicht einfach mit den Höhepunkten des Handlungsverlaufs erklären. Auch sind die Holzschnitte nicht regelmäßig in der Textmenge verteilt. Manche Sequenzen werden von mehreren Bildern in rascher Folge begleitet, manche wichtigen Mitteilungen bleiben von Bildern unkommentiert. Auch der Bezug zum jeweiligen Verlauf der Erzählung, also vor einem neuen Abschnitt, danach oder mittendrin, sogar in einen Satz und in wörtliche Rede eines Protagonisten eingeschoben, variiert. In den Erklärungen zu den Bildseiten wird hier gerade auf diesen Aspekt geachtet. Neben den die Handlung weitertreibenden Ereignissen, wie Begegnungen und Verabschiedungen, Hochzeiten, Kämpfe und Schlachten, die oft auch in kaum variierter Form wiederholt werden, und Schlüsselszenen wie die verbotene Beobachtung im Bad und das Wegfliegen Melusines, aber auch der Klostereintritt Froymonds und die Brandschatzung des Klosters durch Geffroy, fallen die kleinteilig eine Episode begleitenden Bilder auf. Dies gilt insbesondere für die Entlarvung von Melusines Schlangengestalt, die mit allen Aspekten in der Folge des Tabubruchs in Bildern geschildert wird. Während die Nürnberger Handschrift diese Gelegenheit nutzt, die Emotionen der Protagonisten zum Ausdruck zu bringen, dokumentiert der Richeldruck alle Schritte bis hin zur Regelung des Erbes (vgl. S. 125 – 133). Freilich wird damit für den, der den Band nach den Bildern durchblättert, auch eine Steigerung durch Verzögerung bis zum Höhepunkt des endgültigen Abschieds Melusines erreicht. Erstaunlich viele Holzschnitte zeigen die Überbringung von Botschaften (vgl. S. 87, 97, 121). Diese Mitteilungen im Text zu illustrieren, erscheint überflüssig und ungeschickt. Tatsächlich aber wird damit eine enge Verflechtung zwischen dem Text und den Bildern bzw. zwischen den beiden Erzählungen in den beiden Medien Text und Bild demonstrativ vorgeführt. Die Boten händigen ja nicht nur ein Schriftstück an die Figuren der Handlung aus, dem Betrachter wird damit gezeigt, dass der Schauplatz der Handlung weit über das im Buch gezeigte hinausgeht und die Handlungsstränge durch Impulse von außen beeinflusst werden und neue Wendungen einschlagen. Wie im Theater ein Blick „über die Mauer" wichtige Nebenhandlungen auf die Bühne liefert, verweist die Botschaft auf etwas, was sich außerhalb des Blickfeldes der (Bild-)Erzählung abgespielt hat. Zusammen mit dem ersten Holzschnitt, der die Auftragserteilung an den Autor des französischen Textes zeigt, der im vorliegenden Buch dank eines erneuten – aber nicht dargestellten – Auftrags ins Deutsche übersetzt wurde, reflektieren die „Nachrichtenbilder" aber auch die komplexe Verschränkung von erzählter Geschichte, in die Geschichte inserierter Erzählung, Bericht der Verschriftlichung und der Überlieferung sowie der Bilderzählung, also die Beziehung der verschiedenen Medien und Ebenen der Kommunikation. Die mündliche und schriftliche Kommunikation innerhalb der Erzählung tritt über die schriftlich überbrachten Botschaften, über die die Personen der Handlung ebenso reden wie die Betrachter der Bilder und die Leser des Buches, in einen Austausch mit den Rezipienten.

Die Frage des Erstdrucks

So wenig die Erstfassung des Textes Thürings von Ringoltingen überliefert ist, so wenig ist über die Vorlage Bernhard Richels bekannt. Damit wissen wir auch nichts über die ursprüngliche Buchgestaltung und die Ausstattung mit Bildern, und wir können nur versuchen zu rekonstruieren, wie die Ikonographie der „Melusine" entwickelt wurde. Aus der kurzen Zeitspanne zwischen 1468 und 1474 sind vier illustrierte Melusinen-Texte erhalten, zwei Handschriften und zwei Drucke, die sich in ihrem Verhältnis zueinander nicht klar fassen lassen. Ein dem Schreiber zufolge 1468 angefertigtes Manuskript wird als Teil einer Sammelhandschrift im Germanischen Nationalmuseum in Nürnberg aufbewahrt, eine weitere 1471 in Basel angefertigte Handschrift liegt in der Burgerbibliothek Bern. Schließlich ist neben Richels Druck noch die „Melusine" aus der Offizin des Augsburgers Johann Bämler zu nennen, die am 2. November 1474 vollendet wurde.

Auffällig ist die motivische Nähe der Illustrationen des Richel-Druckes zu den Federzeichnungen aus der 1471 durch den Basler Ratsschreibers Niklaus Meyer zum Pfeil angefertigten Abschrift der „Melusine". Doch ist das Manuskript aus sprachhistorischer wie aus kunsthistorischer Sicht als direkte Vorlage für Richel auszuschließen. Der Illustrationszyklus der Handschrift verfügte über maximal 48 kolorierte Federzeichnungen ohne Bildbeischriften und ist damit deutlich weniger umfangreich als der Basler Holzschnittzyklus mit seinen 67 Bildern. Ein Vergleich zeigt auch, dass sich nicht alle Episoden entsprechen, d. h. dass eine un-

Abb. 22 *Reymond beobachtet Melusine im Bad*, 1471; 1471; Basel, Universitätsbibliothek: O.I.18.

terschiedliche Auswahl der Episoden für die Illustrierung vorgenommen wurde. Allein das abweichende Format der Bilder, einmal ohne, einmal mit Rahmen, erfordert vom Reißer eine grundlegende Anpassung einer Vorlage aus dem Bereich der Miniaturen für die Umsetzung im Holzschnitt (Abb. 22; vgl. S. 117). Die über die ganze Breite und in die Schrift hinein sowie über den Bundsteg ausgebreitete Miniatur, hier die Schlüsselszene des Tabubruchs, wird für das Hochformat seitlich beschnitten. Der eine Turm wird trotzdem in der Höhe gekürzt und an seiner Stelle durch zwei über der Badstube aufragenden Stümpfe ersetzt. Grund dafür ist die in den Holzschnitten durchgängige Dominanz der Figuren: sie sind im Verhältnis zur Szenerie deutlich größer, was den Platz für andere Bildelemente, wie hier die Architektur, beschränkt.

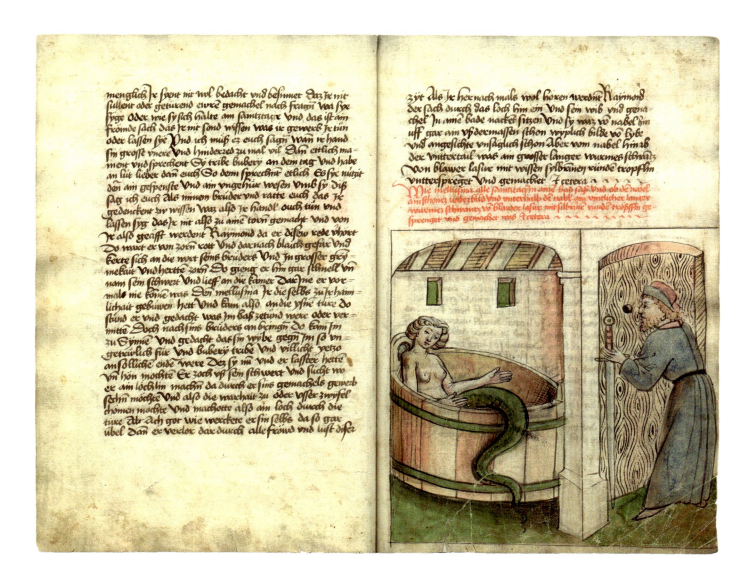

Abb. 23 *Reymond beobachtet Melusine im Bad*, 1468; Nürnberg, Germanisches Nationalmuseum: GNM Hs 4028.

Während der Miniator den Bruder Reymonds, der ihn zum Vertrauensbruch an Melusine angestachelt hat, hinter einem Hügel der ausgebreiteten Landschaft wegreiten lässt, wird er im Druck vom Rahmen abgeschnitten; der Hügel wird zum Repoussoirmotiv, das den Betrachter vom bühnenartigen Bildraum trennt. Wie nah Richel aber der Formensprache des Basler Miniators steht, zeigt der Vergleich mit der in Nürnberg aufbewahrten Handschrift (Abb. 23). Stil und in den meisten Fällen auch die Komposition unterscheiden sich grundsätzlich vom Basler Druck. Die Architektur wird auf die Badstube reduziert, die nach vorne und seitlich offen ist, bzw. in die sich Reymond durch die seitliche Holzwand ein Guckloch gebohrt hat. Auf die Nebenszene des Reiters wird verzichtet. Der schöne Leib Melusines wird dem Betrachter in fein modelliertem Inkarnat ebenso offen präsentiert, wie sie selbst die Augen niederschlägt und sich dem Blickkontakt, auch mit Reymond vor der Tür, entzieht. Der Schlangenschwanz windet sich über den Rand des Zubers. Der Maler zeigt diesen als raumgreifenden Bottich, in dessen Hohlraum der Körper Melusines eingetaucht ist. Räumliche Bezüge und stimmige Erzählung zu zeigen, ist dem Maler, im Unterschied zum Reißer des Richel-Drucks, wichtig.

Aufgrund der motivischen Nähe mit der Basler Handschrift bleibt anzunehmen, dass

Richel eine ähnliche gemalte – oder auch gedruckte – Vorlage mit einem umfangreicheren und titulierten Bilderzyklus verwendete, auf die vielleicht auch der Miniator der Basler Handschrift zurückgegriffen hat und an die er sich bei der Konzeption seiner Ausgabe vermutlich recht eng gehalten hat. Darauf lässt die eigenartige Einrichtung schließen, die scheinbar so verschwenderisch mit Platz und Papier umgeht. Auffällig unterbrechen die Holzschnitte gelegentlich den Erzählfluss und sogar wörtliche Rede, wobei die vorausgehende Textseite dann weitgehend unbedruckt bleibt. Diese Unregelmäßigkeiten bestärken die Vermutung, dass sich Richel oder sein Setzer für die Verteilung der Bilder im Erzählfluss auf eine Vorlage bezogen, die aber für das neue Format und die ganzseitigen Holzschnitte nicht angepasst wurde.

Etwa zeitgleich mit Richel arbeitet in Augsburg Johann Bämler an seiner „Melusine". Bämler hat als Rubrikator und Illuminator vor allem von Straßburger Frühdrucken gearbeitet und wird in den Steuerbüchern der Stadt Augsburg als Briefmaler geführt. Sein Druck ist mit einer Serie von 72 relativ kleinen (ca. 8 × 11,5 cm) querformatigen, z. T. sich mehrfach wiederholenden Holzschnittillustrationen ausgestattet, von denen 56 für die „Melusine" geschnitten und acht aus älteren Werken wiederverwendet wurden. Noch 2004 führt das Gesamtverzeichnis der Wiegendrucke, in dem sämtliche Druckwerke aus dem 15. Jahrhunderts verzeichnet sind, den Druck Bämlers als „editio princeps", also als Erstdruck auf.

André Schnyder und Ursula Rautenberg haben in ihrer 2006 angestrengten Neuedition des Richel-Drucks jenen auf 1473/74 datiert und reklamieren, nicht unwidersprochen, den Rang der gedruckten Erstausgabe für den in Basel tätigen Drucker. Die Argumentation stützt sich neben der Neuinterpretation der historischen Quellen zur Person Richels und werkimmanenter Indizien wie der Wasserzeichenanalyse auch auf Vergleiche der Illustrationszyklen dieser beiden frühen Ausgaben, die aufgrund motivischer Ähnlichkeiten schon vielfach in wechselseitigen Abhängigkeiten gesehen wurden. Da Richels Holzschnittserie im Vergleich zu dem Augsburger Druck in sich sowohl thematisch als auch stilistisch kohärent ist und darüber hinaus auch noch eine offensichtliche Nähe zur Handschriftentradition aufweist, wird jüngst die Möglichkeit in Betracht gezogen, Bämler habe für seine Bilder die hochformatigen Kompositionen der Holzschnitte Richels in ein deutlich kleineres, in einzelnen Details „fehlerhaftes" Querformat überführt.

Angesichts eines Bildes wie der „Sterndeutung" besticht die Argumentation, so reichlich ungelenk wirkt der Kopf des Grafen Emmerich (vgl. Abb. 12 und S. 49). Dabei zeigt ein Vergleich der Illustrationen aber eher das jeweils Besondere der zeitlich eng beieinander liegenden Drucke, denn im Ganzen entwickelt Bämler trotz vielfacher motivischer Übereinstimmungen eine ganz eigene Bildsprache. Das breite Querformat forciert scheinbar das Tempo der Reiter, die auch sonst lebendiger gestaltet sind: Der Arm des Grafen ist weit ausgestreckt, und in einer gegenläufigen Bewegung wendet er sich zu Reymond um, der nun mehr hinter als neben ihm zu reiten scheint. Im Vergleich dazu wirken die axial ausgerichteten verhaltenen Gesten Richels geziert, was der monumentalen, statischen Wirkung der Illustration ebenso Vorschub leistet wie die flankierenden Bäume, die die Figuren seitlich auf einer Höhe einrahmen. Bämler hingegen öffnet auch die Landschaft und deutet mit dem kleineren linken Baum sogar räumliche Verkürzung an. Wie hier entfaltet die Handlung sich von wenigen Ausnahmen abgesehen in einer Leserichtung von links nach rechts, wodurch die Bilder zu einem konsequenten Begleiter des zu lesenden Textes werden, während die Illustrationen Richels hierin eine einheitliche und zusammenhängende Erzählkonzeption vermissen lassen. Auch sind die Größenverhältnisse feiner aufeinander abgestimmt, und die Bilder verfügen trotz des kleineren Bildfeldes über einen relativ großen Detailreichtum, der Richels Illustrationen fehlt. Insgesamt unterscheiden die Zyklen sich in ihrer Erzählhaltung und in der Art und Weise, wie sie den Betrachter adressieren. Während der Zeichner Richels sich darauf konzentriert, zentrale Momente des Geschehens in klare repräsentative Bildaussagen umzusetzen, sind die Bilder Bämlers bewegter und um narrative Momente bereichert. Schon durch die engere Wahl des Bildausschnitts rückt der Betrachter näher an die Figuren und damit auch an das Geschehen heran.

Dieselbe Szene in der Basler Handschrift (Abb. 24) scheint zu verraten, dass die Bilderfindung nicht auf den Miniator zurückgeht, der vielmehr eine Vorlage mehr schlecht als recht adaptiert hat: Auch ohne Rahmung wird eine rechteckige Begrenzung des Bildfeldes respektiert. Die Größenverhältnisse darin sind uneinheitlich, die räumliche Staffelung der Reiter hintereinander wird nicht zu Ende gebracht; Emmerich muss den Kopf schief legen, um noch ins Bildfeld zu passen.

Angesichts dieser individuellen, Form- und Bildkonzepte betreffenden Gestaltung, in der sich die Illustrationen signifikant voneinander unterscheiden, kann von einer Abhängigkeit nicht die Rede sein. Da sprachgeschichtliche Untersuchungen unterschiedliche, leider verschollene Textvorlagen für Richel und Bämler nahelegen, kann auch für die Illustrationszyklen angenommen werden, dass sie getrennt voneinander überliefert wurden. Die vielfachen motivischen Verflechtungen weisen allenfalls darauf hin, dass sich schon in der handschriftlichen Tradition eine Melusine-Ikonographie ausgebildet hat, und sie fanden im Druck eine konsequente Fortsetzung. Die Vermutung liegt nahe, dass es weitere Ausgaben – Manuskripte und möglicherweise Drucke – gegeben haben muss, denn aus dem erhaltenen Bestand lassen sich die Bilderfindungen und Abweichungen nicht erklären. Und davon, dass auch die Kompilation unterschiedlicher Vorlagen zu den gängigen Methoden des Schreiberhandwerks gehörte, berichtet die Erzählung selbst, habe doch Jean de Parthenay seinem Kaplan mehrere Bücher gegeben, aus denen er die Geschichte des mit der Melusine als seiner Ahnherrin verbundenen Hauses Lusignan zusammenstellen sollte. Daneben ist freilich auch mit freier und eigenständiger Variation der Themen und Motive zu rechnen.

Das Darmstädter Exemplar

Das Darmstädter Exemplar der „Melusine" Bernhard Richels ist noch heute in den zeitgenössischen Ledereinband eingebunden. Er wurde gegen 1485 in einer Nürnberger Werkstatt aus gefärbten Leder gefertigt, in das ein rautenförmiges Dekor eingeprägt ist. Ursprüngliche Metallschließen sind nur noch in den Resten aufgenagelter Messingbleche erhalten. Der Buchblock selbst ist unvollständig. Da von den Verlusten auch Holzschnitte betroffen sind, werden die entsprechenden Bilder in der vorliegenden Ausgabe durch Abbildungen aus unkolorierten Exemplaren ergänzt (vgl. S. 71, 89, 123). Weitere Schäden sind durch Feuchtigkeit entstanden, Spuren des Gebrauchs und der Alterung sind nicht zu übersehen, stören aber den überwältigenden Gesamteindruck kaum.

Die vegetabile Winkelleiste und die Initiale des ersten Blattes sowie sämtliche Holzschnitte sind farbig gestaltet. Eine exakte Datierung ist ohne kunsttechnologische Analysen nicht möglich, aber an der zeitgenössischen Ausführung

Abb. 24 *Sterndeutung*, 1471; Basel, Universitätsbibliothek: O.I.18.

wird nicht gezweifelt. Während das (durch den Druck seitenverkehrte) Wappen der Reichsstadt Nürnberg rechts, ein geteiltes Wappenschild mit dem Reichsadler auf der einen und sechs abwechselnd roten und silbernen Bändern auf der anderen Hälfte, farbig korrekt gefasst wurde, wurde das Basler Wappen in der Winkelleiste ausradiert und mit dem Wappen der Herren von Lentersheim, ein fränkisch-schwäbisches Rittergeschlecht mit Sitz in Ehingen, übermalt (vgl. S. 41). Dieser Eingriff dürfte auf Wunsch des ersten Besitzers, wohl einem der Herren von Lentersheim, vorgenommen worden sein, der auch die Kolorierung insgesamt veranlasst haben dürfte. Im Text wurden rote und blaue Lombarden in die hierfür vorgesehenen Auslassungen als Schmuckbuchstaben von Hand eingesetzt. Rot und blau unterstrichene Tituli, Namen von Personen und Orten im Text sowie Rubrizierungen lassen einen Nutzer vermuten, dem an einer gründlichen Erschließung des Textes gelegen war.

Insgesamt sind die Holzschnitte sehr sorgfältig koloriert, sodass die Farbe die feinen Linien des Druckes unterstützt und ergänzt. Die konsequente Gestaltung des Himmels durch einen leuchtend blauen Streifen am oberen Bildrand und leichte, nach unten dünner und heller werdende horizontale Striche sowie die kräftige Betonung der Bodenflächen deutet nicht nur Räumlichkeit an, sie gliedert auch das Bildfeld und gibt den Figuren in der vergleichsweise rudimentär ausgearbeiteten Szenerie zusätzlichen Halt. Die Farbpalette ist breit angelegt: Helles Rot wird in Abstufungen vielfach eingesetzt für die Felsen der Landschaft, für Mauern der Architekturen, aber auch für Gewänder. Gelegentlich werden kräftig rote Akzente gesetzt. Klares Blau wird in vielen Kleidungsstücken und Rüstungen eingesetzt, immer mit weißen Lichtmodellierungen. Grün dominiert die bühnenartigen Böden, ob die Szene in freier Natur oder im Innenraum spielt. Die Kronen der Bäume werden als grüne Flächen über den pauschalen Linien des Holzschnitts widergegeben, die Stämme ebenso wie das Holz der Möbel erscheinen in Gelbtönen. Der sparsame Einsatz von Goldpulver auf Hellgelb, insbesondere auf dem Kleid der Melusine, verleiht den Bildern einen zusätzlichen Glanz. Eine sorgfältige Farbwahl begünstigt ganz offensichtlich die bereits in den Holzschnitten angelegte Wiedererkennbarkeit der Figuren: Melusine trägt immer das hellgelbe-goldene Kleid und Reymond ist durch eine rot-blau geteilte Schecke sowie rot-gelb gefärbte Beinkleider zu erkennen, sein Hut ist blau und mit einer grünen Feder in rotem Band geschmückt.

Der Maler – Rubrikator, Briefmaler oder Illuminist genannt – hat die wässrigen Farben so dünn aufgetragen, dass die übermalten schwarzen Linien des Holzschnittes sichtbar bleiben. Bei Bedarf sind mehrere dünne Farbschichten übereinander gelegt worden, wodurch die Gegenstände an transparenter Leuchtkraft und Volumen gewinnen. Der helle Farbton des Papiers wird gezielt mit in die Farbkomposition einbezogen. Unbearbeitet bildet es den Grund des Bildfeldes und dient vor allem in den Gewändern als modellierende Lichthöhung.

Von den erhaltenen Exemplaren weist das Darmstädter die sorgfältigste Kolorierung auf. Sie wird öfters auch zur Klärung der Komposition eingesetzt (vgl. S. 47). Ähnlich anspruchsvoll ist nur die wohl ebenfalls zeitgenössische Farbfassung des Karlsruher Exemplars, der Maler erzielt aber ein abweichendes Gesamtbild der Ausgabe. Im Detail zeigt sich die besondere Feinheit der Darmstädter Kolorierung (Abb. 25, 26). Das Gewand der jungen Frau hinter Christin von Luxemburg in der Szene der Übergabe des von den Lusignan-Brüdern Reinhart und Anthoni besiegten Königs von Elsass ist in beiden Illustrationen grün koloriert, doch das Karlsruher Bild weist nicht die gleichmäßig lichte Kolorierung des Darmstädter Exemplares auf, sondern zeigt einen stark deckenden Farbauftrag, der die Schraffur des Holzschnittes weitgehend unberücksichtigt lässt. Dort hingegen scheinen unter der dünnen grünen Lavierung die gedruckten Linien des Holzschnittes deutlich durch, und mit deckenden grünen Pinselstrichen verstärkt der Maler im Brustbereich die plastische Konturierung des Holzschnittes noch. Die Feinheit zeigt sich besonders auch im Inkarnat der Gesichter (Abb. 27, 28). Sehr pointiert wird hier mit Licht und Schatten gespielt, werden die Höhen von Stirn, Nase, Wange und Kinn lichter als die übrigen Gesichtspartien ausgebildet und somit Plastizität erzeugt. Das Gesicht des Karlsruher Exemplars hingegen erscheint eher flächig und ist, wie die nicht

Abb. 25 *Übergabe des im Kampf gefangenen Königs von Elsass an die Prinzessin von Luxemburg*, Detail, Basel: Bernhard Richel, um 1473/74; Karlsruhe, Badische Landesbibliothek: St. Peter pap. 23.

Abb. 26 *Übergabe des im Kampf gefangenen Königs von Elsass an die Prinzessin von Luxemburg*, Detail, Basel: Bernhard Richel, um 1473/74; Darmstadt, Hessische Landes- und Hochschulbibliothek: Inc. IV, 94.

Abb. 27 *Totenmesse des Königs von Böhmen*, Detail, Basel: Bernhard Richel, 1473/74; Karlsruhe, Badische Landesbibliothek: St. Peter pap. 23.

Abb. 28 *Totenmesse des Königs von Böhmen*, Detail, Basel: Bernhard Richel, 1473/74; Darmstadt, Hessische Landes- und Hochschulbibliothek: Inc. IV, 94.

kolorierten Lippen zeigen, weniger detailliert ausgearbeitet.

Obwohl Richels Holzschnitte vergleichsweise intensiv mit Binnenschraffur versehen sind, die Schattenpartien anzudeuten vermag, bringt sie eine wirklich plastische Körpermodellierung nicht zustande. Was die Kolorierung dort zu leisten vermag, zeigt sich am besten im Vergleich mit den unkolorierten Holzschnitten (Abb. 29; vgl. S. 71, 89, 123). Eine einfachere oder gar achtlose Farbfassung wie die der in Olmütz bzw. in Washington aufbewahrten Exemplare vermag die Qualitäten des Holzschnitts durchaus zu mindern (Abb. 30). Das Gewimmel der gerüsteten Krieger der Lusignan gegen die Scharen des Sultans vor der Kulisse der Stadt Famagusta auf Zypern wird im Holzschnitt mit Form und Farbakzente gebenden Schraffuren vorgeführt. Die Graustufen und graphischen Schwarz-Weiß-Kontraste werden durch die nur dünn über dem Druck aufgetragene Farbe des Washingtoner Exemplars zwar kaum überdeckt,

Abb. 29   Schlacht gegen den Sultan auf Zypern, Basel: Bernhard Richel, 1473/74.

durch die unachtsam über die Formen und die Komposition verteilten, wenig variierten Farben Hellrot, Gelb und ein doch eher dick hervorstechendes Grün fast zunichte gemacht. Rüstungen, Mauern, Gesichter, Freund und Feind werden ohne Unterschied und ohne signifikante Akzente „gefärbt", ohne eine wirkliche Farbgebung zu erzeugen. Im Vergleich mit dem Exemplar in Olmütz (Abb. 31) legt dieses deutlich mehr Wert auf Differenzierung, die Palette ist um Blau bereichert, und der Illuminist schafft eine räumliche Distanz zwischen dem grünen Schlachtfeld und der hell gefassten Stadt im Hintergrund. Die Verteilung der roten Akzente in den Rüstungen unterstreicht die Dynamik der Schlacht, indem das Rot wie in einer um das satte Grün eines Kriegers in der Mitte rotierenden Kreisform angeordnet ist, unterstrichen

Abb. 30   Schlacht gegen den Sultan auf Zypern, Basel: Bernhard Richel, 1473/74; Washington, Library of Congress, Lessing J. Rosenwald Collection: Incun. X.C82.

von einem Bogensegment von blauen Kontrasten. Das Zentrum des Geschehens um den König bzw. Sultan wird damit hervorgehoben. Die vergleichsweise bunte Fassung des Karlsruher Exemplars (Abb. 32) setzt ganz auf eine abwechslungsreiche Lokalfarbigkeit, die die Schraffuren des Holzschnitts gerne kaschiert und, so scheint es, zuerst der eigenen Lust an der Farbe frönt. Eine Klärung der Komposition wird nicht beabsichtigt. Die Darmstädter Kolorierung lässt dagegen einen ganz anderen Ansatz erkennen, der sich durchgängig im Buch zeigt (vgl. S. 79). Wie die farbigen Unterstreichungen im Text vermuten lassen, hat hier jemand das Buch mit dem Stift oder Pinsel in der Hand gelesen, sich alle Namen eingeprägt und so den Handlungsverlauf bzw. den Einsatz

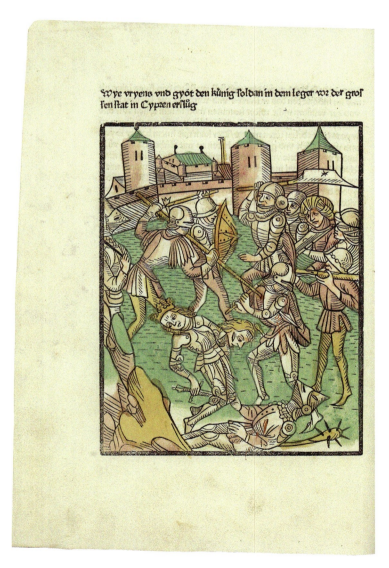

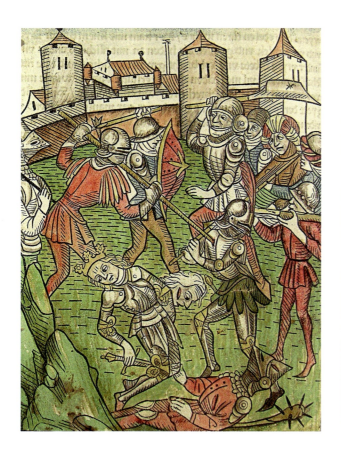 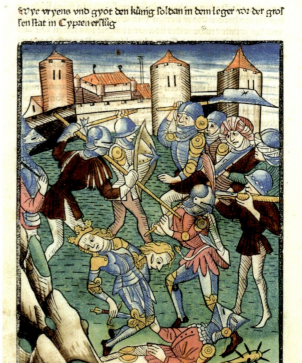

Abb. 31   Schlacht gegen den Sultan auf Zypern, Basel: Bernhard Richel, 1473/74; Olmütz (Olomouc), Universitätsbibliothek (Universitná Knohovna): 48704.

Abb. 32   Schlacht gegen den Sultan auf Zypern, Basel: Bernhard Richel, 1473/74; Karlsruhe, Badische Landesbibliothek: St. Peter pap. 23.

der Personen und die wechselnden Orte genau markiert. Er hat sich buchstäblich ein Bild verschafft von dem, was geschrieben und wie es im Holzschnitt illustriert ist. Mit dieser Vorstellung gestaltet er sein eigenes Bild auf der Basis des Druckes, aber als ein eigenständiges und individuelles Werk komponiert wie ein Gemälde und vergleichbar einer Miniatur. Diese Farbigkeit verleiht dem Darmstädter Exemplar des Basler Drucks der „Melusine" seinen außergewöhnlichen Rang.

TAFELTEIL

Dieses Abenteuerbuch berichtet uns von einer Dame namens Melusine, die eine Fee, dazu von Geburt eine Königin war und aus dem Berg Awalon stammte; dieser Berg liegt in Frankreich. Und diese Fee wurde alle Samstage vom Nabel an abwärts in eine dicke, lange Schlange verwandelt, denn sie besass zur Hälfte eine Geisternatur. Auch stammen von ihr grosse, mächtige Geschlechter ab: Könige, Fürsten, Grafen, Freiherren, Ritter und Edelknechte. Daraus kann man entnehmen, dass dieser Stoff durch seinen Wirklichkeitsbezug die Geschichte als wahr und stimmig erweist.

Weil der grosse Meister der Weltweisheit, Aristoteles, zu Beginn in der Vorrede seines ersten Buches der ‚Metaphysik' sagt: ‚Jeder Mensch wünscht von Natur aus viel zu erkennen', habe ich, Thüring von Ringoltingen aus Bern im Üchtland, eine sehr ungewöhnliche und sehr wunderbare und gar fremdartige Geschichte, abgefasst in französischer Sprache das heisst: welschem Idiom, gefunden.

Die erste Textseite ziert eine prächtig kolorierte Blatt- und Blütenranke. Das linke der beiden Wappen in der Zierleiste gibt einen Hinweis auf den ersten Besitzer aus dem Geschlecht der Lentersheim. Das im Holzschnitt vorgegebene Wappen der Stadt Basel, dem Druckort, wurde dafür ausradiert und von Hand übermalt. Das Nürnberger Wappen mag auf die Beziehungen des Druckers, Bernhard Richel, zur fränkischen Reichsstadt hindeuten.

Das ‚Incipit', in Rotdruck und durchgängig von Hand mit blauen Linien unterstrichen, macht den Leser mit der Protagonistin vertraut und beteuert, dass die Geschichte der edlen Ahnherrin und wundersamen Fee eine wahre Geschichte ist!

Eine große S-Initiale leitet den zweiten Textblock ein. Unter Berufung auf Aristoteles begründet Thüring von Ringoltingen sein Interesse an der Geschichte, die er aus diesem Grund ins Deutsche übertragen habe.

Die erste Ausgabe, die dem Text einen Einleitungsholzschnitt voranstellt, nämlich die in Augsburg bei Bämler 1480 gedruckte, rückt die mit dem Wunderbericht verbunde-

Abb. 33   Titelblatt zur *Melusine*, Straßburg: Matthias Hupfuff, 1506.

ne Ahnengeschichte in Form eines Stammbaums in den Blick. Ein illustriertes Titelblatt mit demselben Motiv und dem Titel „Die hystoria von melusina" erhält dann als erste die Straßburger Ausgabe von 1506 (Abb. 33).

¶ Dis oventurlich büch bewiset wyo vn einer frouwen genant Melusina die ein merfeye vnd dar zů ein geborne künigin vnd vß den berg awalon kömen wz der selbe berg lit in franckrich Vnd wart dise merfeye alle samstag vō dē nabel hin abe ein grosser langer wurme den sy ein halb gespenste was / Es sint ouch von ir grosse mechtige geschlecht kömen von künigen fürsten grossen fryen rittern vn knechten der noch kommen noch hüt by disem tage ernampt lüte künige fürsten grossen ritter vnd knecht sint / do by mā briffen mag / das dise materye durch ir experienez bewiset das die hystorie wor vnd an ir selber also ist

Itt das der grosse natürliche / meister / Aristotiles sprichet an dem anefāg vnd vorrede sines ersten buchs / Methauisice / ein ieglich mensche begert von nature vil zů wissen Darumb so hab ich / Thüring von Ringoltingē von bern vß licht lant ein zů mol seltzene vnd gar wunderliche fremde hystorie fundē in franczösischer sprache vn welscher zungen / die aber

Wie Herr Jean de Parthenay seinem Kaplan befahl, dieses Buch in französischer Sprache zu verfassen.

Es lebte vor Zeiten ein Graf von Poitiers in Frankreich, der war Herr zu Parthenay; der wünschte von seinem Kaplan, dass er ihm aus allen Chroniken seiner Vorfahren zusammensuchte, wie oder durch wen die Burg und Stadt Lusignan in Frankreich entstanden, erbaut und gegründet worden sei und aus welchem Geschlecht der Graf selber durch seine Vorfahren abstamme; und er befahl ihm, gereimt zu schreiben.

Die Geschichte der Melusine ist zugleich die des Geschlechts der Lusignan, die aufzuschreiben der Graf von Poitiers den Auftrag gegeben hat. Der Holzschnitt zeigt diesen Moment, wie er im hier oben zitierten Text unmittelbar darauf geschildert wird: An einem Pult sitzend, empfängt der Kaplan, es ist Coudrette, der die französische Reimfassung der ‚Melusine' erstellt hat, seinen Herrn. Beide tragen in Unterscheidung zum blond gelockten Begleiter des Grafen in seinem kurzen Wams eine ähnliche Kleidung: eine mit Pelz verbrämte, gegürtete Schaube, in den Farben Rot für den Geistlichen bzw. Schwarz für den Adligen unterschieden, sowie eine schlichte Kappe.

Der Holzschnitt, der wie immer auf einer Seite mit einem Titel steht und auf der nächsten Seite, hier nach dem Umblättern auf der Rückseite des Blattes, vom zitierten Textausschnitt gefolgt wird, besticht durch die kontrollierte, aber ausdrucksstarke Gestik und den eindringlichen Blickkontakt, die den Dialog der beiden Protagonisten lebendig erscheinen lassen. Man meint auch die Seiten des aufgeschlagenen Buches noch rascheln zu hören, die der Kaplan gerade umgeblättert hat. Obwohl das Möbel einen Innenraum als Ort des Geschehens suggeriert, versetzt der Maler die Szene unter blauen Himmel. Durch den Verzicht auf die Schilderung eines Raumes – der schmale Bodenstreifen wirkt wie eine Bühne – gewinnen die Personen vor dem lichten Bildgrund eine beherrschende Stellung. Die Kolorierung widmet sich mit besonderer Sorgfalt den Gesichtern, die bereits im Holzschnitt markant und dank der Schraffuren plastisch gerundet erscheinen.

Abb. 34 *Auftrag des Herrn von Parthenay an seinen Kaplan, den Dichter Coudrette, das Buch der „Melusine" in Verse zu fassen*, Augsburg: Johann Bämler, 1474

In der zeitgleichen Ausgabe des Augsburger Druckers Johann Bämler (Abb. 34) setzt der Reißer dagegen nicht wie hier auf repräsentative Ruhe, sondern auf eine dynamische Erzählung und bewegte Bildsprache, in der er vermutlich eine ältere Vorlage – die wohl auch Berhnard Richel bekannt gewesen sein dürfte – in so ganz anderer Weise umsetzt, wie das im Basler Druck zu sehen ist.

¶ Wye her Johannes von포tenach sinem capplon beualch dis buch
in franzosischer sprach zü machen

Hier feiern sie ein Fest und sitzen beieinander am Tisch.

Da liess der Graf von Poitou darauf in Poitiers ein sehr grosses Fest veranstalten … Zu diesem Fest erschienen nun der Graf vom Forst und mit ihm drei seiner Söhne mit adligem Benehmen und Auftreten … Und er begann die Jünglinge … zu beobachten und zu mustern. Und unter den dreien der jüngste, Reymond genannt, gefiel ihm besonders gut. Deshalb sagte er …: ‚Lieber Vetter, ich sehe, dass ihr mit Kindern belastet seid. So wünsche ich von euch, dass ihr mir von euren Söhnen willig einen gebt. Den soll und werde ich erziehen und wohlwollend halten wie mein eigenes Kind und ihn versorgen; darin könnt ihr mir völlig vertrauen.' … Dafür dankte ihm der Graf vom Forst herzlich und freundlich und gab ihm so Reymond, den jüngsten Sohn, der zudem ein ausnehmend schöner, adliger Jüngling war.

Wieder muss der Leser umblättern, um mehr über die Geschichte zu erfahren, die im Holzschnitt zu sehen ist; der Titel bleibt ja hier sehr allgemein. Gezeigt wird der entscheidende Moment der Episode, die Wahl Reymonds, des Protagonisten der Erzählung, zum künftigen Knappen des Grafen von Poitou. Jüngster Sohn einer Nebenlinie, wird er den ritterlichen Gepflogenheiten entsprechend zur Erziehung an einen anderen Hof übergeben. Er hat seinen Dienst bereits begonnen und tischt dem Grafen, dessen Tochter Blanchette und dem eigenen Vater, sowie Bertram, dem Sohn des Grafen, auf.

Durch einen Maßwerkbogen, der die Weite des Rahmens überspannt und einen dunklen Schatten auf die Rückwand des Raumes wirft, blickt man auf die um den gedeckten Tisch versammelte Gesellschaft. Die Position der Figuren – hinten eng gedrängt, vorne an den Rand gerückt – verstärkt die räumliche Wirkung. Das einzige Sitzmöbel, darauf Bertram Platz genommen hat, ist schräg in den Raum gestellt. Im Profil bzw. als Rückenfigur dargestellt, korrespondiert er mit dem Diener, auch was die Armhaltung und die weite Beinstellung betrifft. Beide, die die Erzählung später noch enger miteinander verbinden wird, bilden formal ein Pendant mit dem Bogenabschluss oben, wodurch der geschlossene Raumeindruck des Bildes erreicht wird. Die Farbgebung unterstützt durch die Konzentration auf rötliche und Grüntöne um den zentralen Akzent des blauen Kleides der Dame die Absicht der Komposition.

¶ Doye haltent hye die hochzyt vnd sitzent by ein ander czü tische

Wie der Graf Reymond, den jüngsten Sohn seines Vetters, des Grafen vom Forst, behielt und wie der Graf vom Forst und seine anderen beiden Söhne abreisten.

Als nun das Fest drei Tage gedauert hatte, da verabschiedete sich der Graf vom Forst von seinem Vetter und reiste wieder nach Hause; der Vater und die Söhne trennten sich von Reymond wie er sich von ihnen: recht betrübt nämlich.

Wieder leitet der Holzschnitt mit dem das Geschehen kurz zusammenfassenden Titel ein neues Kapitel ein, das auf der Rückseite des Blatts beginnt. Das Bild komprimiert den Handlungsablauf in einem klug gewählten Moment. Obwohl die Mimik der Personen kaum Gefühle zum Ausdruck bringt, wird die Stimmung des Abschieds spürbar. Nach der einen Seite reiten der Vater und seine beiden älteren Söhne eng hintereinander gestaffelt aus dem Bild, auf der anderen Seite steht Graf Emmerich fest im Tor seiner Burg. In der Mitte bildet Reymond eine Art Scharnier zwischen beiden; als unterstes Glied in der Reihe der Reiter geht er zugleich auf seinen neuen Herrn zu, freilich nicht ohne sich nach seiner Familie umzudrehen. Einzig der älteste Bruder, das ist der am weitesten entfernte Reiter, erwidert den Blick und schafft eine Verbindung zum Jüngsten. Beinstellung, Kleidung und der Griff in den Gürtel verbinden Reymond wiederum mit Emmerich, der den Jungen an der Hand hält.

Durch die Kolorierung des Holzschnitts wird Reymond stärker seiner Familie zugeordnet. Alle Vier tragen dieselben Farben, während Emmerich in seinem hellen Rock fremd und alleine bleibt. Im Vergleich wird deutlich, dass die Handkolorierung der Holzschnitte nicht nur schmückende Zutat ist, sondern die Vorgaben des Formschneiders interpretiert. Dies kann im Sinn einer Klärung geschehen, wie hier im Darmstädter Exemplar, aber auch eher missverständlich, wie im Karlsruher Vergleichsbeispiel (Abb. 35).

Abb. 35 *Abschied der Brüder*, Basel: Bernhard Richel, 1473/74; Karlsruhe, Badische Landesbibliothek, St. Peter Pap. 23

Wye der groffe reymond sins vettern des groffẽ vm forst iüngsten sun behielt / vnd wye der groffe vm forst vnd sin ander zwẽ süne von yme schiedent

Wie Graf Emmerich und Reymond die Jagdgesellschaft verloren hatten und bei Mondschein im Wald querdurch herumirrten und Graf Emmerich in den Sternen Wunderbares sah und er es Reymond zeigte.

Als sie nun so ritten und der Graf die Sterne des Himmels und die Planeten zu mustern begann..., so sieht er unter andern einen besonderen... und sagte: ‚Ach Gott, wie ist dein Wunderwirken so gross und so vielfältig. Oder wie kann die Natur aus sich selber einen Mann entstehen lassen, der durch sein böses Tun und sein Verbrechen zu grossem Glück, weltlichen Ehren aufsteigt?... Dort sehe ich, wenn jetzt in diesem Augenblick einer seinen Herrn tötete, würde er ein richtiger Herr werden, und er würde viel einflussreicher, stärker vom Glück begünstigt, reicher und mächtiger als jeder seiner Freunde oder Genossen.'

Der Holzschnitt teilt den Verlauf der Erzählung in zwei Abschnitte, die im Titel aber beide angesprochen werden. Der Leser des Buches kann daher sofort verstehen, warum im Bild Reymond und Emmerich als einsame nächtliche Reiter gezeigt werden. Es wurde nämlich bereits berichtet, dass sie sich auf der Jagd verirrt haben; die Sterne sollen ihnen den Weg zur Burg weisen. Anstatt sie aber nach Hause zu bringen, offenbaren sie dem sternkundigen Emmerich einen – für den Verlauf der Geschichte entscheidenden – Blick in die Zukunft. Dies wird im Folgenden, nach dem Holzschnitt berichtet.

Die beiden Protagonisten reiten in ruhigem Trab nebeneinander her, vorbei an zwei das Bild rahmenden Bäumen im Mittelgrund und einer Feuerstelle in unmittelbarer Nähe. Dass sie hier gleich Halt machen werden, weiß der Leser aus dem Text, im Titel steht darüber nichts.

Durch Blicke und Gesten erhält die Szene Leben. Das auf Emmerich ausgerichtete Mondgesicht visualisiert die Übermittlung der himmlischen Botschaft. Emmerich wendet den Kopf zu Reymond, weist dabei in den Himmel und tut damit Emmerich seine aus den Sternen gewonnene Erkenntnis kund. Reymond hört mit halb gesenktem Blick zu, den Arm betroffen vor die Brust geführt, wie um anzudeuten, dass er die Prophezeiung bereits auf sich bezieht. Seine Kleidung macht ihn in allen Bildern für den Betrachter zweifelsfrei erkennbar: eine kurze Schecke, Beinlinge nach Bedarf mit Reitstulpen und Hut mit kess aufragender Feder in den immer gleichen Farben Rot, Blau und Gelb.

Wye groff emmerich vnd /reymond das geiegde verloren hatten vnd by dem monschin in dem walde yrre vnd wegloß rittent vnd groff emmerich an dem gestirne wunder sach vnd er das reymond zougete

Wie Reymond seinen Vetter und seine eigene Unglückstat heftig beklagte und unsäglich stark darüber jammerte, dass er seinen Herrn und teuren Vetter getötet hatte.

Als Reymond den schweren Unfall sah, der ihm unterlaufen war, da braucht niemand zu fragen, ob er heftige Klage anstimmte, ja ein solches Rufen, Schreien, Weinen, von Herzen kommendes, jammervolles und so bitteres Klagen, ohne dass ihm dieses übertrieben vorkommen konnte. Und er sagte: ‚Ach Glück, wie hast du mich so schwer mit Jammer, mit Leiden, Herzensleid, Elend und Unglück beladen! ... Ach, wollte Gott doch, dass auch ich jetzt sterben und mit meinem über alles geliebten Herrn und Vetter begraben werden müsste! ...
Ich kann auch nie mehr aus dem Verdacht kommen, denn man wird glauben, ich habe den Stich gegen meinen über alles geliebten Herrn und Vetter absichtlich geführt und ihn ermordet.

Mit Entsetzen hat der Leser den Bericht über den schrecklichen Unfall vernommen: Ein Eber hat die beiden verirrten Jäger angegriffen. Beim Versuch, seinen Herrn zu retten, tötet Reymond versehentlich beide, das Wildschwein und den Grafen. Dass sich hiermit bereits der erste Teil der Sterndeutung erfüllt, kann freilich weder der Leser noch Reymond erkennen. Nach dem Umblättern zeigt der Holzschnitt das ganze Unglück und die vom Erzähler geschilderte Trauer Reymonds, der mit schleifenden Zügeln, die Arme klagend vor der Brust gekreuzt, davonreitet. Dieselbe Geste zeigt er, wenn er später voller Schmerz von Melusine Abschied nehmen muss.

In der Brust des am Boden liegenden Grafen klafft die gleiche Einstichwunde wie beim toten Eber: ein Hinweis auf das Missgeschick Reymonds, der mit der einen am Boden liegenden Lanze beide zugleich getötet hat; als weiteres Zeichen seiner Unschuld reitet er unbewaffnet davon.

Außergewöhnlich reich wird die Landschaft wiedergegeben. Dabei lässt die Reihe der Bäume an der Stelle eine Lücke, an der der Reiter Platz finden muss. Welche Probleme dem Zeichner oder Reißer räumliche Überschneidungen bereiten, zeigt dieses Bild am toten Grafen hinter Reymonds Pferd. Für die Feuerstelle, die den Unglücksort kennzeichnen sollte, gibt er zwei gleich unglückliche Angebote, unter dem Huf des Schimmels und am Horizont, die alle Illuminatoren der verschiedenen Exemplare denn auch beide als Gras und Busch interpretieren, nicht als Feuer, und grün ausmalen.

Wye reymond sinen vettern vnd sin selbes vngeuelle so sere clagete vnd sich vnseglich vast iomerte vmb das er sinen herren vnd lieben vettern erdött hatt

Achte hier darauf, wie Reymond unter grosser Klage in die Irre ritt, zum Turstquell kam und wie die Jungfrau Melusine da zu ihm kam und ihn tröstete und ihm alles sagte, das ihm zugestossen war und bevorstand.

An dieser Quelle standen drei sehr schöne Fräulein von hoher Abstammung und adliger Erscheinung; die übersah er vor Leid und Jammer völlig und beachtete sie nicht.

Zum ersten Mal wird die Aufmerksamkeit auf die Protagonistin der Historia, Melusine, gelenkt. Der Titel weicht dafür vom üblichen Schema ab und weist eigens auf die Szene hin. Mittig im Bild, mit einer eleganten Hörnerhaube, einem zweigipfligen Hennin nach burgundischer Mode ausgezeichnet, verleiht ihr das leuchtende, mit Goldstaub versetzte Gelb ihres Kleides eine strahlende Erscheinung. In allen weiteren Holzschnitten wird sie an dieser Kleidung erkennbar bleiben. Während ihre beiden Schwestern Melior und Palantine über den merkwürdigen, viel kleiner wiedergegeben Reiter tuscheln, greift sie ihm in die Zügel, woraufhin der in seiner Trauer verschlossene Reymond endlich aufblickt und *die unaussprechliche Schönheit ihrer Erscheinung* erkennt. Dass den Damen sein Name und auch sein Missgeschick bekannt sind, erschreckt ihn zutiefst, und er zweifelt *ob er lebendig oder tot, ob dies ein Geist oder eine Dame sei*. Die Haltung seiner weit ausgebreiteten Arme bringt seine innerste Seelenregung zum Ausdruck.

Nichts im Bild weist auf etwas Unnatürliches, nichts auf einen Feenzauber, will man nicht die zum Reiter hin ausgelegte Schleppe von Melusines modischem Kleid als Anspielung auf den Fluch des Schlangenleibs deuten. Im nachfolgenden Text zerstreut Melusine durch ihr wiederholtes Bekenntnis zum Christenglauben alle Zweifel Reymonds und gewinnt sein Vertrauen, und das obwohl sie die Bedingung für sein Glück nennt und der Erzähler den späteren Tabubruch bereits ankündigt. Im Bild deutet nur der Felsquell am linken Bildrand für den kundigen Leser eine Verbindung der Dame mit dem Wasser an.

¶ Hye merck wye reymond also yrres rittende in grosser clag / zů dē turstbrunnen kam vnd die iungfrouwe melusina do zů im kam vn̄ in troste vnd yme alles seyt das yme wider faren oder zů kūnftig was

Wie Reymond Abschied von seiner Verlobten nahm und nach Poitiers ritt.

Reymond nahm von seiner Verlobten Abschied und ritt nach Poitiers und versprach ihr alles zu leisten, was sie ihm zu tun geraten hat. ... Als er nun kam, da sagten sie alle: ‚Reymond, wie kommt es, dass du ohne deinen Herrn kommst? Wo ist er hingekommen?' ... ‚Wirklich, ich habe ihn seit gestern Abend nicht gesehen, denn er ritt mit der Beute auf der Spur im Wald davon, so dass ich ihn nicht einholen konnte, und ich habe ihn so verloren und dann nicht mehr gesehen.'

Was im nachstehenden Kapitel erzählt wird, die Ankunft Reymonds in Poitiers, das Wehklagen über den vermissten Grafen und die Trauer um den von anderen Jägern heimgebrachten Leichnam, der schließlich ehrenvoll bestattet wurde, spielt im Holzschnitt keine Rolle. Der Illustrator bewahrt, wie Melusine zuvor dem Reymond geraten hat, Stillschweigen über all die Fragen, die im Text ausgesprochen werden. So endet denn auch das Kapitel im Guten. Der hier gezeigte Abschied ist ein Aufbruch in eine Zukunft mit *Besitz und Ehre, Beglückung und Segen*, in der sich der zweite Teil der Sterndeutung Graf Emmerichs erfüllt, wie es Melusine im langen Textkapitel zwischen den beiden Holzschnitten versprochen hat – wenn denn Reymond ihren Anweisungen folgt.

Das Bild ist wie das vorangehende aufgebaut, nur erscheint alles bewegter, nicht nur der Reiter, der im Galopp davonprescht. Er hat kehrt gemacht und reitet nun in die Tiefe des Bildraumes hinein. In einer völlig überzogenen Drehung wendet er den Kopf zurück und löst, den Mund sprechend geöffnet, seine Hand aus den Händen Melusines. Auch die beiden Schwestern agieren stärker als zuvor, um Reymond nachzusehen und alles untereinander zu bereden. Nur Melusine verharrt in ihrer aufrechten Position. Verändert erscheint auch der Schauplatz, die Quelle ist nicht mehr im Bild und der Felsen ragt nun vor den Figuren unmittelbar am Bildrand auf, als wäre die Gruppe seit dem letzten Bild um ihn herumgewandert.

¶ Wye reymond vrlop nam võ sinem gemahel vnd reyt gen poitiers

Wie Reymond von seinem Vetter und Herrn beim Turstquell soviel Land, wie er mit seiner Hirschhaut umschliessen konnte, zu Lehen bekam.

Als nun der Graf, wie beschrieben, bestattet war, da kamen die Grossen alle zu seinem Sohn, dem Grafen Bertram, und gaben ihre Lehen öffentlich bekannt und empfingen sie neu, wie das bei einem neuen Herrn üblich ist. Reymond trat vor und brachte seine Bitte vor, wie er von seiner Gattin angewiesen worden war, und sagte: ‚Gnädiger Herr, ich bitte Euer Gnaden, dass ihr mir wegen des treuen Dienstes, den ich dem Grafen Emmerich, meinem Herrn und lieben Vater selig, meinen Lebtag geleistet habe, dass ihr mir beim so genannten Turstquell so viel Fels und Boden und Land auch mit Äckern und Wiesen zuweisen wollt, wie ich in eine Hirschhaut einschlagen oder damit umschließen kann.'

Während der Bericht über die Trauerfeierlichkeiten, bei denen sich Reymond besonders zerknirscht gab, endet, stimmt der Holzschnitt wie der Titel auf die nach dem Umblättern im nächsten Kapitel folgenden Ereignisse ein, die die Vorhersagen Melusines schon gleich bestätigen. Mit dem Hut in Händen tritt Raimund in seiner rot-blauen Schecke auf die Stufe des Baldachinthrons, den Blick auf Bertram gerichtet, der in der Nachfolge seines Vaters nun als Lehnsherr residiert. Seine sprechende Geste, der offene Blickwechsel und das ganz und gar nicht bittstellerische Auftreten Reymonds lassen darauf schließen, dass sich beide bereits einig sind. Sie kommunizieren auf Augenhöhe. Um dies zu erreichen, wird Reymond stehend nicht größer dargestellt als der sitzende Graf. Dagegen überragt der Jäger in seiner Begleitung ihn um Hauptslänge. Er trägt den wichtigsten Teil des Vertrags, die Hirschhaut, mit der das Maß des Lehens beschrieben wird, über der Schulter. Ob sein weit über die Augen gezogener Hut andeuten mag, dass hier nicht mit offenen Karten gespielt wird? Der Leser weiß ja bereits, wie Reymond seinen Lehnsherrn täuschen wird.

Wieder spielen die Farben eine wichtige Rolle in der Komposition. Das Gelb der Beinlinge und der Hirschhaut korrespondiert mit dem Gelb des Thrones und schafft, unterstützt von roten Partien, eine Beziehung zwischen den beiden Parteien zu beiden Seiten des Bildes. Dem Grün des Bodens antwortet oben der Baldachin, seitlich vermittelt über das Hemd des Jägers. Dabei wird der Widerspruch zwischen dem Möbel und der im weiten Himmel angedeuteten freien Natur als an sich inkompatible Schauplätze harmonisiert.

⁋ Wye reymond von sinem vettern vnd herren zu lehen enpfieng so vil ertriches by de turst brunē als er i em hirtz hutt mochte beslieſſē

Wie Reymond die verlangte Schenkung ausgerichtet und zugewiesen wurde.

Als sie nun zur Quelle kamen und sie sahen, dass Reymond die Hirschhaut so schmal und dünn hergerichtet und geschnitten hatte, da nahm sie das sehr Wunder und sie wussten nicht, was sie in dieser Sache tun sollten, denn sie fanden, so werde sehr viel Wald, Felsen, Felder und Boden eingegrenzt. Sogleich kamen zwei unbekannte fremde Männer und nahmen die geschnittene Hirschhaut und wanden die auf, wie man es bei einem Knäuel Garn zu tun pflegt … Und sie steckten einen Pfahl an einem Ende ein und banden das eine Ende des langen Riemens an den Pfahl und umspannten dann den Felsen und den erwähnten Turstquell und eine große Fläche des Tals, und sie hatten sofort eine grosse Fläche abgesteckt, dass die abgesandten Boten nicht erwartet hätten, dass man auch nur halb so viel und so weit damit hätte umschliessen können.

Wer nur die Bilder durchblättert, wird von der Verwandlung der Hirschhaut in einen langen Riemen, mit dem drei statt der im Text genannten zwei Männer das Gelände um den Brunnen der Melusine abstecken, sicher ebenso überrascht sein wie der Graf und die Landvermesser es gewesen sind. Der Leser ist dagegen schon länger in den klugen Plan Melusines eingeweiht und kennt auch das hier oben zitierte Ende des dem Holzschnitt unmittelbar vorangehenden Kapitels.

Man kann meinen, dass der Witz der Geschichte im Holzschnitt nicht vollständig erfasst wird, auch wenn Reymond das Werk zufrieden betrachtet. Soweit der Riemen auch reichen mag, umschließt er doch nur den Turstquell. Dafür bleibt das Bild offen für eine Deutung, wie sie der Graf direkt anspricht: *Das ist eine seltsame Geschichte; es mag ein Gespenst sein, denn ich habe viel und oft sagen gehört, dass seltsame Wunder und Abenteuer öfters bei diesem Quell gesehen worden sind.*

Abb. 36 *Vermessung des Lehens am Turstquell*, 1468; Nürnberg, Germanisches Nationalmuseum: GNM Hs 4028.

Die Nürnberger Handschrift zeigt die wunderbare Größe des Areals dagegen in einer reichen Schilderung der Landschaft mit *sehr viel Wald, Felsen, Felder und Boden* (Abb. 36).

¶ Wye reymont der gobe vß gericht vnd vß gewiset wart die er begert hatte

Wie Reymond den Hofstaat von Fräulein Melusine in der Kapelle in Augenschein nahm, was ihm gefiel, und wie ihm grosse Ehre von ihnen erboten wurde.

‚Reymond, sei mir willkommen, weil du klug und einsichtig bist, denn alles, wozu ich dich angewiesen habe, hast du nicht vergessen, sondern es gemäss meinem Willen und Gutdünken ohne Abstriche getan, so dass du davon grosse Ehre gewinnst.' Und so gingen sie in eine Kapelle; da sah Reymond sehr viele Menschen, Damen, Ritter und Knechte, Prälaten, Priester und viele ehrenhafte Leute, in reicher Kleidung. Deswegen begann Reymond sich sehr zu wundern, was für und welcherlei Leute das seien.…Da antwortete ihm die Dame: ‚Das darf dich nicht wundern, das sind deine Leute.' Und sie kehrte sich damit zu den Leuten um und befahl ihnen allen, dass sie Reymond, als ihrem rechtmäßigen Herrn und Gebieter, gehorsam und ergeben wären. Das taten sie ohne Verzug alle und sie erboten ihm alle zusammen große Ehre.

Zurück am Turstbrunnen, wird Reymond von Melusine herzlich empfangen. Das oben zitierte Ende des vorhergehenden Kapitels weist ebenso wie der Titel auf die Darstellung im Holzschnitt hin. Der Position auf der Rückseite des Blatts entsprechend leitet das Bild aber zugleich auf das nachfolgende Kapitel über, indem es das Paar in einer Haltung zeigt, die bereits die Vermählung andeutet. Innig einander anblickend, legen sie ihre Hände ineinander. Melusine zeichnet neben der Hörnerhaube wieder das in Gold glänzende, über dem Gürtel eng anliegende und mit Pelz verbrämte Kleid aus, das in einer langen Schleppe ausläuft. Reymond trägt wie immer die engen Beinlinge in den Farben Gelb und Rot, die in Rot und Blau geteilte kurze Schecke, die vorne den Blick auf ein gelbes Hemd frei gibt, sowie den runden blauen Hut mit rotem Band, in dem neckisch eine Feder steckt. Wie in vielen anderen Szenen wird der Ort der Handlung nur durch ein Versatzstück angedeutet, hier den Altar. Obwohl er auf grüner Wiese unter freiem Himmel steht, verweist er auf die Kapelle als Schauplatz des Geschehens. Zugleich bleibt die Darstellung des Schauplatzes offen, die mangelnde Tiefenräumlichkeit des Bildes wird gleichsam kompensiert durch eine bühnenartige Inszenierung. Auf der Altarmensa brennen zwei Kerzen; mit Liebe zum Detail wird auch das Retabel mit zwei Heiligenfiguren auf Goldgrund wiedergegeben.

Tatsächlich geben sich beide im folgenden Kapitel das Eheversprechen. Reymond willigt ein, nachdem Melusine seine Zweifel zerstreut: *Du kannst und vermagst weder meinen Rang noch mein Wesen genau zu begreifen, bis du mich als deine Ehefrau geheiratet hast.*

¶ Wye reymond der iungfrowen melusinē hoffgesinde beschouwete in der Capellen das ym wol geuiel vnd wie ym grosse ere von yn en erbotten wart

Wie Graf Bertram, dazu die Gräfin, seine Mutter, und Reymond von den Leuten der Melusine, ehrerbietig empfangen wurden.

Und dann wies man ihnen einen sehr guten Lagerplatz und prächtige Zelte zu, und seine Pferde wurden gut untergebracht ... Es kamen auch sehr viele schöne Damen und Fräulein, die die Gräfin sehr formvollendet begrüssten. Und so verwunderte sich die Gräfin und alle ihre Begleitung sehr über den noblen Aufwand, den sie da sahen, denn sie hatten niemals solche noble Ausstattung, die es anderswo in solchen Umständen nicht zu finden gibt, erwartet.

Zur Hochzeit ist der Lehensherr, Graf Bertram, geladen, der sich mit *seinem ganzen Hofstaat* zum Turstquell aufgemacht hat. Angesichts der prächtigen Zelte, die dort aufgestellt sind, kommen erneut Zweifel auf: *Das kann eine richtige Geistererscheinung sein*. Aber der glänzende Empfang durch eine Vielzahl edler Ritter zerstreut die Bedenken.

Das Bild schiebt sich mitten hinein in die Schilderung der Ankunft der Festgäste. Reymond reitet an der Spitze der Gäste ins Lager, wo Melusine in Begleitung zweier Damen ihn, Bertram und die Gräfin erwartet. Ein Knecht steht bereit, sich um die Pferde zu kümmern. Der Eingang zum vorderen Zelt steht einladend offen. Prächtig wie die Zelte ist auch die Kleidung der Personen. Auffällig ist besonders der Kopfputz einer der Damen, ein edel drapierter Schapel aus Bittersüßblüten, wie er in Basel zur der Zeit in Mode war, wie vergleichbare Darstellungen auf Bildteppichen nahelegen.

So reich die motivische Fülle einerseits die Erzählung begleitet, so sehr fallen die gestalterischen Schwierigkeiten ins Auge, die dem Reißer offenbar die Organisation des Bildraumes in die Tiefe hinein bereitete. So vermisst der Betrachter in der Figurengruppe rechts das Pferd des hinter Reymond reitenden Grafen, und ein genauer Blick entlarvt die Position des blond gelockten Jünglings als ebenso undefiniert. Die Staffelung der Zelte, die im Detail ihres Schmucks und sogar der Verankerung mit Heringen im Boden gezeigt sind, bleibt räumlich ebenso unklar wie ihr Verhältnis in Bezug zu den Personen, die als Träger der Handlung den Maßstab für sich bestimmen. Und dennoch fügen sich die Bildelemente in eine repräsentative Vorstellung des prächtigen Empfangs, denn sowohl die Figuren, die allein schon in ihrer Größe das Bild dominieren, als auch die eher attributiv beigefügten Zelte, die die Dominanz der Figuren noch unterstreichen, werden gleichermaßen versatzstückartig wie auf einer Bühne präsentiert.

¶ Wye graffe bertram ouch die greffin sin muter / Vnd reymont von melusinen wolck erlich entpfangen wurdent

Wie Melusine und Reymond in der Kapelle durch einen Bischof getraut wurden.

Und die Kapelle war nun sehr üppig und mit kostbaren Kleinodien aussergewöhnlich sorgfältig hergerichtet. Und man läutet jetzt zur Messe und man führt Melusine, die Braut, zur Kapelle. Da war nun Melusina über alle Massen schön und glich eher einem Engel als einem sterblichen Menschen, und war dabei auch unbeschreiblich schön mit Kleinodien, Kleidern und was dazu gehört, hergemacht.

So ausführlich die Schilderung des prachtvollen Brautzugs *unter vielfältiger Musik von wohlklingendem Saitenspiel, auch von Pfeifern, Posaunern, Flötenspielern, Tamburinschlägern* ausfällt, so knapp bleibt die Mitteilung über die eigentliche Eheschließung: *Sie wurden dann in der Kapelle nach der Messe in schöner Zeremonie getraut.* Der Holzschnitt ist zwischen diese beiden Passagen eingeschoben und stellt auch entsprechend dem Titel nur den kirchlichen Rechtsakt dar.

Das Paar steht wie im Verlobungsbild neben dem Altar, nun aber in einem Innenraum, in den der Betrachter durch einen weiten, in den Rahmen des Holzschnitts eingezogenen Bogen hineinblickt. Von der festlichen Dekoration der Kapelle ist freilich nichts zu sehen, die Andeutung des Raumes bleibt auf einen bunten Fliesenboden beschränkt. Die Farbgebung scheint die glatte Rückwand der Kapelle wieder in einen offenen Durchblick in den blauen Himmel zu verwandeln.

Im Unterschied zur Verlobungsszene weisen nun Kelch und Hostie auf die Messfeier hin; der Geistliche, an der Mitra als Bischof zu erkennen, legt die Hände der Brautleute ineinander und schließt damit den Bund der Ehe. Dass sich beide die linke statt die rechte Hand zum Bund reichen, ist dem seitenverkehrten Abdruck des Holzstocks geschuldet. Ein Kreis von vier Damen und Rittern bezeugen die Zeremonie – wobei diese Assoziation durch den Bogen des Rahmens erweckt wird, dem die Köpfe der Figuren folgen. Tatsächlich schließen die symmetrisch angeordneten Damen auf der einen und Herren auf der anderen Seite, das Brautpaar inbegriffen, im Raum einen Kreis um den Bischof, der die Mitte des Bildraumes ebenso wie der Bildfläche bildet. Die Trauzeugen bringen ein wenig Bewegung in die feierliche Statik der Szene, vor allem die Dame ganz links dreht sich in der Hüfte, um endlich auch auf das Brautpaar blicken zu können.

¶ Wye melusina vnd reymont zu samen by der capellen vermehelt wurdent das dett ein byschoff

Wie sie bei der Tafel sassen und wie Reymond selber mit vielen anderen Rittern und Knechten aufwartete.

Und dann wurde die Braut an den Tisch gesetzt und bei ihr der Graf, dann die Gräfin, dann ein mächtiger Herr des Landes, der wegen Ehre und Ansehen dort seinen Platz bekam. Der Graf Bertram und alle seine Leute sahen eine so vollkommene Ordnung, dass sie sich bemühten genau zu achten, wie dieses Fest ausgerichtet wurde.

Und das Essen war unbeschreiblich aufwendig und äusserst reichlich, namentlich gab es viel Wein in großer Auswahl.

Nur die Hauptpersonen werden im Bild gezeigt: Melusine, eingerahmt vom Lehnsherrn und dessen Mutter, der Gräfin, sowie in einem Thronsessel an der Stirn der Tafel der mächtige Fürst. Um den hochrangigen Gästen die gebotene Ehre zu erweisen, bedient sie der Bräutigam selbst, ein Brauch, der in Quellen der Zeit belegt ist.

Der Formschneider erweist sich hier als besonders sorgfältig. Mit Schraffuren zeigt er Rundungen, Wülste und Stofffalten an, kurze Linien im Aufschlag des Grafenhutes lassen die Pelzfütterung erkennen, während der Hut Reymonds offenbar aus Filz gemacht ist. Auch ohne Kolorierung wird eine Illusion des differenzierten Materials und der jeweiligen Oberflächen ebenso wie der Plastizität der Formen erzeugt. Der Innenraum wird trotz unstimmiger Perspektive klar erfasst. Schatten am Fußboden und am Tisch suggerieren eine Beleuchtung im Raum. Die Balkendecke mit den auf die Mitte zu konvergierenden Linien öffnet eine räumliche Tiefe und geht zugleich mit dem Rahmen und den Bogenzwickeln eine Verbindung in der Fläche ein. Die in Genf bei Steinschaber nach einer Vorlage Richels nachgeschnittenen Stöcke verzichten dagegen völlig auf Schraffuren und erreichen damit in Verbindung mit der Kolorierung eine ganz eigene Bildwirkung (Abb. 37).

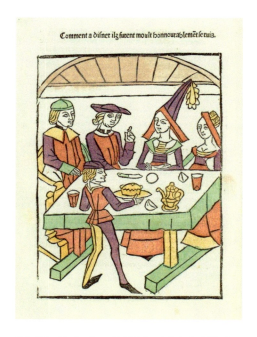

Abb. 37 *Hochzeitsmahl, Histoire de la belle Mélusine,* Genf: Adam Steinschaber, 1478; Wolfenbüttel: Herzog August Bibliothek: Lm 2° 17.

¶ Wye sy zů tische sassent vnd reymond selbes zů tische diente / Vnd ander vil ritter vnd knechte

Wie sie turnierten und Reymond sehr gut turnierte.

Und nach dem Mahl gab es ein prächtiges Gestech; und auf das Kampffeld kamen die Einheimischen und die Auswärtigen, die sehr schön und aufwendig ausgerüstet waren; die schönen Damen wandten allen ihre Aufmerksamkeit zu und es wurde da sehr gut turniert.

Und besonders Reymond turnierte sehr rittermäßig und gut.

Ein ritterliches Fest, gar eine Hochzeit, ist ohne Turnier nicht denkbar. Entsprechend ausführlich wird es im Text vor und nach dem Holzschnitt geschildert, der zwischen die beiden zitierten Abschnitte eingeschoben ist. Das Bild verzichtet, anders als die Miniatur der Nürnberger Handschrift und wie spätere Drucke, auf die Wiedergabe des Publikums und des Turnierplatzes und stellt dafür den Kampf groß heraus. Vier Reiter scheinen alle im Moment des Galoppsprungs aufeinander zuzufliegen, obwohl nur das vordere Paar in voller Rüstung und Wappenzier im Stechen gezeigt ist (und der Betrachter das Pferd rechts hinten in Gedanken vervollständigen muss). Die Schädel der geschmückten und bewehrten Turnierpferde verschränken sich in der Mitte des Bildes und scheinen sich wie zu einem Turm aufzubäumen, der von einer Lanze mit aufgestecktem Turnierkrönlein und der Helmzier eines der Ritter noch überhöht wird. Das Bild zeigt den Moment, in dem der siegreiche Ritter vorne rechts seinen Gegner aus dem Sattel hebt, dessen Lanze als Zeichen der Niederlage ziellos in den Himmel weist. Das ungerüstete Paar dahinter blickt auf den Unglücklichen. Der Sieger müsste wohl Reymond sein, aber nichts an seiner Rüstung und Helmzier macht ihn eindeutig erkennbar. Das Wappen auf dem Schild stimmt nicht mit dem der Lusignan überein. Der Löwe auf dem Helm kann aber auf das Wappentier der Grafen von Poitou verweisen, wie es häufiger auch auf dem Wappen der Lusignan begegnet. Aus der weiteren Lektüre erfährt der Leser in der Episode des Sohnes von Reymond und Melusine, Anthoni, vom Stolz auf das Wappen seiner Ahnen, das abzulegen undenkbar ist. Sein Löwenmal im Gesicht erlaubt es ihm aber, das Wappentier seiner Gemahlin, den Limburger Löwen Christines von Luxemburg, auf dem Helm zu führen.

¶ Wye sy Röchen vnd reymond gar wöl stach

Wie Reymond und Melusine zusammen gelegt und vom Bischof im Bett gesegnet wurden.

Zuletzt, als es sie an der Zeit dünkte, da kamen die Begleiter der Melusine und baten die Braut beiseite und führten sie in ihr Zelt, das aus kostbarer Seide war, ungewöhnlich reich und mit mancherlei Vögeln bestickt; und ihr Bett war reich bezogen und dicht mit Lilien bedeckt. Dort hinein legte man die Braut, Reymond kam ebenfalls herbei und legte sich zu ihr. Zuletzt kam der Bischof, der sie im Bett segnete und schöne Antiphonen, Psalmverse und Kollekten las.

Nicht die Trauung vor dem Priester, sondern der Vollzug der Ehe gilt als die rechtsverbindliche Vermählung. Aus diesem Grund braucht es Zeugen, die das Paar zumindest ins Brautgemach begleiten. Der Bischof segnet das Paar mit erhobenem Aspergillum, dem Weihwasserwedel (seitenverkehrt in seiner Linken), während die Gräfin das mittig auf dem Bett abgestellte Weihwasserbehältnis am Henkel fasst. Während die Szenerie insgesamt die förmliche Feierlichkeit des Augenblicks erfasst, betont der auffällige Nachttopf unter dem Bett doch auch die Alltäglichkeit, und Reymonds zärtlicher Blick auf Melusine, die, obwohl beide unbekleidet sind, die Hörnerhaube nicht abgelegt hat, zeigt so etwas wie Intimität. Beide erneuern ihr am Turstbrunnen gegebenes Versprechen und damit die vertragliche Basis ihrer Ehe: Melusine wird Reymond zu großem Ansehen verhelfen, er wiederum folgt in allem ihrem Rat und verschweigt ihre Geheimnis. *Und damit ich die Sache kürzer mache*, schreibt der Erzähler, *so hatten die Zwei so liebevollen Umgang miteinander, dass Melusine in der gleichen Nacht mit einem kleinen Sohn schwanger wurde.*

Das Blatt fehlt im Darmstädter Exemplar, deshalb wird hier der Holzschnitt aus einem unkolorierten Exemplar abgedruckt. Die graphische Wirkung, wie sie allein vom Formschneider erzielt wird, kann in diesem Fall nicht restlos überzeugen. Formkontur, Binnenlinien, Schatten- und Lichtpartien sind in der Stärke kaum unterschieden und prallen an einigen Stellen unglücklich aufeinander. Der Weihwasserwedel ist nur mit Mühe vom Baldachin des Himmelbetts abgesetzt, und die Gesichter der Brautleute können sich gegen das dick aufgetragene Karomuster des Kissens kaum behaupten. Mit einer überzeugenden Farbfassung können solche Ungereimtheiten ausgeglichen werden.

fol. 19v

Wie Graf Bertram und seine Herrin und Mutter und alle Gäste sich verabschiedeten und abreisten

Da reisten der Graf und seine Leute alle sehr ehrenvoll ab und verabschiedeten sich vorher von Melusine und reisten ab, da gab ihnen Reymond bis zum Waldrand hinaus zusammen mit Leuten von Stand, die mitzogen, das Geleit.

Der Holzschnitt zeigt zwar den Abschied des Lehnsherrn, verschweigt aber andere im Text vor und nach dem Bild erzählte Details. Durch einen Fehler des Setzers wird der Schlusssatz des Kapitels von der voll beschriebenen vorhergehenden Seite über dem Bildtitel zu Ende geführt: *Kleinod mit Perlen, mit Gold und Edelsteinen schön verziert*, und man erfährt noch mehr von den wertvollen Geschenken, die Melusine allen Gästen mitgegeben hat. Anders als beim Empfang der Hochzeitsgäste steht das Paar beim Abschied im Tor einer Burg oder besser innerhalb eines Gemaches, in das dem Betrachter durch eine rundbogige Tür Einblick gewährt wird. Die Architektur mit dem sich links anschließenden Turm weist auf das folgende Kapitel voraus, in welchem von der Stammburg Lusinia des nach Melusine benannten Geschlechts der Lusignan berichtet wird, die sie am Turstquell errichten ließ. Damit beginnt Melusines rege Bautätigkeit.

Der nur kurz nach Richel in der Straßburger Offizin des Heinrich Knoblochtzer nachgeschnittene Holzschnitt zeigt die mit wenigen Veränderungen erzielte grundlegende Variation in der Konzeption des Bildes an (Abb. 38): Die Schrägstellung des Torbogens lässt das Drinnen des Paares überzeugender

Abb. 38 *Abschied der Hochzeitsgesellschaft*, Straßburg: Heinrich Knoblochtzer, 1477.

erscheinen und eröffnet auch dem Bildraum insgesamt eine Tiefendimension. Dies wird durch eine neu eingeführte Rückenfigur unterstützt, die nach hinten davonreitet. Die fünf bildparallel nach rechts abreisenden Gäste mit ihren nun auch dargestellten Pferden verteilen sich lockerer im leichten Querformat; nicht zuletzt wurden die Größenverhältnisse ausgeglichen. Der Formschneider erzielt trotz spärlicher Schraffuren durch an- und abschwellende Linien eine „farbige" Wirkung.

kleinot võ berlin võ golde, vñ võ edelem gestein wol gezieret
Wye grosse bertram vnd sin frouwe vnd müter vnd alle gest vr=
lop nomen vnd võ darmen schiedent

Wie Melusine in drei Jahren drei Söhne, die alle ein wenig verunstaltet waren, gebar.

Danach gebar sie wieder einen Sohn, der wurde ‚Geffroy mit dem Zahn' genannt; der hatte einen Zahn, der ihm wie ein Eberzahn aus dem Mund ragte. Er wurde später körperlich außergewöhnlich stark und kräftig, wurde auch von fremdartiger, seltsamer, wilder Sinnesart und vollbrachte auch viel mehr als jeder seiner Brüder Staunen Erregendes.

Als Ahnherrin der Lusignan schenkt Melusine zehn Söhnen das Leben. Bis auf die beiden jüngsten haben alle einen körperlichen Makel, ein Mal im Gesicht, bestehen aber viele Aventüren, erobern fremde Länder und breiten den Ruhm der Lusignan weithin aus. Im Bild steht Melusine dreien ihrer im Widerspruch zum Text bereits als erwachsen gezeigten Söhne gegenüber: Anthoni mit einem Löwenmal an der Wange, in der Mitte Geffroy, erkennbar am Eberzahn, und Gedes mit seinem, in der Kolorierung als Makel nur angedeuteten roten Gesicht an vorderster Stelle im Bild. Bis auf Geffroy sind sie gestikulierend ins Gespräch mit ihrer Mutter vertieft. In einer Diagonale im Bild hintereinander gestaffelt, sieht sie der Betrachter in Verbindung mit dem Rundturm einer Burg, der die Reihe der Söhne abzuschließen scheint. Melusine ist eine weitere Burg zugeordnet, so dass die Bildarchitektur die Figurenkomposition unterstützt. Beide Eigenschaften Melusines kommen so zum Ausdruck: als Bauherrin zahlreicher Burgen und Ahnfrau eines Adelsgeschlechts mit reicher Nachkommenschaft. Wieder liegt ihre Schleppe wie eine Andeutung auf den Schlangen- oder Fischschwanz am Boden, eine Assoziation, die der Wassergraben – mit Fisch! – direkt hinter ihr zu bestärken scheint.

In den entsprechenden Miniaturen der Melusine-Handschriften wird dagegen eine andere Eigenschaft Melusines herausgestellt, die der fürsorglichen Mutter mit den spielenden kleinen Söhnen bei ihrem Wochenbett. Von den Frühdrucken nimmt Johann Bämler in seiner zweiten Ausgabe von 1480 einen fremden Holzschnitt mit diesem Motiv zusätzlich auf; ihm folgend auch die 1488 in Augsburg bei Schönsperger erschienene Ausgabe, in der wieder ein anderer Holzschnitt eine Wochenstube mit drei Kleinkindern zeigt.

¶ Wie melusina dry sün gebar in dryen iaren die alle dry ettwas entschicket worent

Wie Melusine Geffroy mit dem Zahn gebar und danach wieder in zwei Jahren zwei Söhne; die waren ebenfalls verunstaltet.

Sie stachen in See und richteten ihren Mast freudig auf; und nach kurzer Zeit gelangten sie im Königreich Zypern an Land.

Eben da fanden sie ihr ritterliches Abenteuer, denn der König von Zypern stand in seiner Stadt Famagusta und wurde vom mächtigsten Herrscher der Heiden, dem Sultan, mit mehr als 900 000 Heiden belagert.

Es beginnt nun der lange Teil der Erzählung, der den Aventüren der Söhne gewidmet ist. Der zwischen die beiden zitierten Textpassagen eingefügte Holzschnitt stimmt den Leser und Betrachter darauf ein. Der Titel passt aber weder zum Textverlauf, noch zu diesem oder dem vorhergehenden Bild, in dem Geffroy mit dem Zahn ja bereits als erwachsen in die Bildergeschichte eingeführt wurde.

Uriens, der Erstgeborene, sticht in Begleitung des jüngeren Bruders Gyot in See. Sein Gruß gilt Melusine, die mit gesenktem Blick und verschränkten Armen am flachen Ufer steht. In der geöffneten Hand müsste sie eigentlich eine Münze halten, wie es in anderen Ausgaben tatsächlich auch dargestellt ist, heißt es doch unmittelbar vorher im Text, sie habe das Vorhaben unterstützt und ihre Söhne mit Gold und Silber reich beschenkt.

Der klare Aufbau des Bildes mit den Vertikalen – vorne rechts der Mast, links hinten ein Baum und Melusine dominierend im Vordergrund – lässt den Betrachter übersehen, dass die räumliche Darstellung des mächtigen Schiffsrumpfes nur vage angedeutet ist. Auch die unmöglichen Größenverhältnisse und Entfernungen fallen nicht als Defizit ins Gewicht, da sie durch ausdrucksstarke Gestik, Mimik und Blicke, also die lebendige Beziehung der Figuren zueinander, ausgeglichen werden. Die unwahrscheinliche Nähe zwischen Melusine und Gyot, zwischen dem Schiff auf See und dem flachen Ufer, verweist das Schiff wieder in den Bereich des symbolischen oder attributiven Versatzstücks, wie zuvor bereits Altar, Thron, Bett oder Ähnliches.

Wie melusina gebar gefroy mit dem zan vñ dor noch aber inz weyē joren zwen sun worent ouch entschicket

Wie Uriens und Gyot den Sultan im Lager vor der grossen Stadt Famagusta auf Zypern erschlugen.

Der Sultan von Babylon, der mächtigste Heidenkönig, kämpfte ebenfalls ritterlich und tötete eben einen Christen. Das sah Uriens und drang auf ihn ein und gab ihm so einen heftigen Schlag mit seinem Schwert, dass er ihm seinen Schädel bis zu den Zähnen spaltete. Da stürzte der heidnische König tot auf den Sand nieder. Da erschrak das Heidenvolk sehr, und sie ergriffen so die Flucht und begannen auseinander zu laufen und sie verliefen sich.

Am Ziel der Seefahrt, Zypern, bietet sich den beiden Brüdern gleich eine Gelegenheit, ihren ritterlichen Mut zu beweisen. Das vorige Kapitel schließt denn auch damit, dass sie bald ein anderes Kampfgelände gefunden hätten, was der Titel nach dem Umblättern dann ankündigt. Der Holzschnitt bietet mehrere Möglichkeiten an, das Kampfgeschehen auf einen Höhepunkt der Erzählung zu beziehen.

Vor der Kulisse einer durch Mauer und Wehrtürme angedeuteten Stadt oder Burg, die der Titel als Famagusta ausweist, tobt der Kampf. Im Unterschied zum Turnier herrscht Durcheinander, alles dreht und bewegt sich in unterschiedliche Richtungen, wobei die Gegner in der Bildmitte aufeinander treffen. Zwei der von rechts anstürmenden „Heiden" tragen einen Turban, ansonsten sind Freund und Feind an den Rüstungen nicht eindeutig zu unterscheiden. Vom Bildrand abgeschnittene Krieger machen den Betrachter glauben, dass das Schlachtfeld und die Menge der Kämpfer viel größer ist. Der Ausschnitt zeigt einen entscheidenden Moment, den Tod eines gekrönten Anführers. Ob es der zyprische König ist, der von einem giftigen Pfeil aus der Armbrust des Türken ganz rechts im Bild getroffen niedersinkt, oder ob der Sultan, dem als Herrscher die Krone ebenso zusteht, vom Schwert des Uriens getroffen wird, ist im Bild nicht eindeutig festzumachen. Eine Verwundung ist nicht zu erkennen, will man nicht den merkwürdigen Kopf hinter dem König als Zeichen dafür sehen, dass Uriens dem Sultan den Schädel gespalten hat! Das Heer macht auch keine Anstalten zu flüchten angesichts des möglicherweise getöteten Sultans. Und ob der am Bildrand vorne niedergestreckte Soldat mit Streitkolben der vom Sultan getötete Soldat ist, der laut Text den unmittelbaren Anlaß für Uriens' Eingreifen bildet, ist fraglich. Im weiteren Geschehen spielt jedenfalls der König von Zypern die Hauptrolle, was für seine Darstellung als verwundeter König spricht.

¶ Wye vryens vnd gyót den künig soldan in dem léger vor der grosſen ſtat in Cypren erſlůg

Wie Uriens und Gyot zum König von Zypern kamen, der lag da sehr schwer verletzt im Bett.

Der König liess Uriens durch seine grossen Landherren und etliche seiner Räte ausrichten, dass er herauf zu ihm in die Stadt und an seinen Hof kommen möchte und es nicht schlecht auslegen möge, dass er nicht selber zu ihm komme, denn er sei sehr schwer verwundet und an seiner Lebenskraft deswegen völlig geschwächt.

Ein vergifteter Pfeil – Ausdruck des unehrenhaften Kampfes unchristlicher Gegner – hat den König von Zypern niedergestreckt. Den Tod vor Augen, holt er den fremden Ritter zu sich, fragt nach seiner Herkunft und bittet ihn seine einzige Tochter zur Frau zu nehmen, um das Königreich nicht nur dies eine Mal, sondern für immer vor den Ungläubigen zu beschützen. Damit erringt der erste Sohn Melusines ein eigenes Königreich.

Das Bett des verwundeten Königs ist schräg ins Bild gesetzt; es dient als einzige Andeutung, wo sich die Szene abspielt. Das Schlafgemach hat zwar einen Fliesenboden – auf dem fein säuberlich die königlichen Schuhe stehen – ist aber nach hinten wieder ins Freie geöffnet. Die beiden Brüder Uriens und Gyot sind von hinten an das Bett herangetreten, der eine als siegreicher Kämpfer in voller Rüstung, golden wie die königliche Krone, der andere „in Zivil". In späteren Ausgaben wird er zum Schwertträger des Ritters umgedeutet. Vor ihnen, ganz nah am Kopfende stehend, versorgt ein Arzt die klaffenden Wunden des Königs. Detailgenau sind Salbgefäß und Spatel dargestellt, nicht jedoch der Pfeil, der in Darstellungen jüngerer Ausgaben noch deutlich sichtbar in seiner Schulter steckt. Mit den Augen ebenso wie mit der ausgestreckten Hand sucht der König die beiden Fremden und tut ihnen seinen letzten Willen kund. Der Gerüstete hat das Visier des Helms geöffnet und bewegt seine Hand auf das Bett zu; der andere kommuniziert mit Blicken und Gesten mit dem König.

¶ Wye vryens vnd Gyott zů dem künige von Cyprenn komēt der lag do vff einem bette gar hart ver wundet

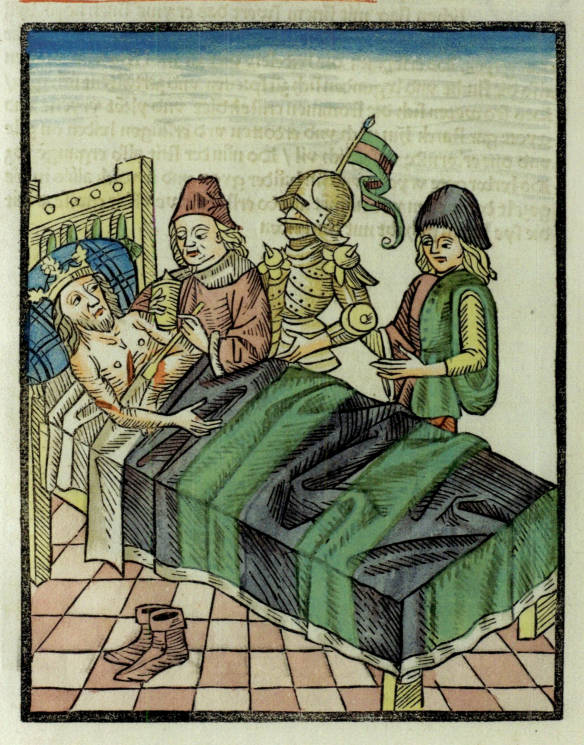

Wie Uriens und die Königstochter miteinander getraut wurden.

Auf der Stelle wurden sie miteinander getraut im Angesicht des Königs an seinem Bett, wo er lag, und zwar vor der Messe, die da gleich vor dem König gehalten, gefeiert und gelesen wurde.

Und sobald der Priester das Sakrament in die Höhe gehoben hatte, da verschied der König und gab seine Seele frei.

Das Hochzeitsbild ist in die über mehrere Seiten ausgebreitete Erzählung zwischen die beiden Zitate geschoben. Die Vermählung von Uriens von Lusignan und Hermyne, der zyprischen Prinzessin, wird am Sterbebett des Königs vollzogen. Gegenüber dem vorigen Bild ist es in die andere Richtung gedreht. Ein in den Rahmen eingezogener Bogen, eine Balkendecke, Seitenwände und eine durchfensterte Rückwand mit Blick in den blauen Himmel beschreiben jetzt das Schlafgemach als Innenraum – dafür wurde der Fliesenboden gegen ein undefiniertes Grasgrün ausgetauscht! Vorne im Bild vollzieht ein Bischof die Vermählung, indem er die Hände der Brautleute zusammenführt. Als Zeugen stehen zwei Männer, darunter sicher Bruder Gyot, hinter dem Bräutigam. Der eine beobachtet die Zeremonie, der andere, stark überschnittene, blickt zu ihm vor. Der König dagegen, hinter seiner Tochter in die Tiefe des Gemachs gerückt, wendet sich nicht der Trauung, sondern seinem Arzt zu, wie zum Zeichen, dass er sich just in diesem Moment für den Tod bereitet. Wenn es im Text heißt, der König stirbt zum Höhepunkt der Messe, so zeigt das Bild hier den Höhepunkt der Eheschließung, nach dem der König beruhigt seine Seele aushauchen wird. In einem zusätzlich eingeschobenen Bild der Augsburger Ausgabe von Johann Schönsperger, 1488, sinkt dagegen der König tatsächlich, mit dem Pfeil zu Tode verwundet, im Augenblick der Elevatio der Hostie vor dem Altar nieder, eine Dramatisierung, die der Bildsprache Richel vollkommen entgegensteht (Abb. 39).

Abb. 39 Tod des Königs von Zypern in der Ausgabe von Johann Schönsperger, Augsburg 1488

¶ Wie vriens vnd des küniges tochter zů samen vermahelt wurdent

Wie Gyot nach Armenien kam und zum König gekrönt und ihm Florie, die Tochter des Königs, angetraut wurde.

Und so lagen wieder die zwei Königreiche von Zypern und von Armenien in der Hand zweier Brüder.

Was Uriens für Zypern, wird Gyot für Armenien: Retter und neuer König. Es dringt die Kunde vom Tod des Königs von Armenien zum neuen Königspaar Uriens und Hermyne; er war der Bruder ihres Vaters. So einigt man sich schnell, Gyot, den Bruder von Uriens, nach Armenien zu schicken, die Königstochter zu freien und damit wieder ein Bruderpaar als Herren der beiden Reiche zu gewinnen. Die Hochzeitsszene variiert die vorangegangene nur wenig, allerdings bieten die Veränderungen Anknüpfungspunkte für die Erzählung. Das Schiff dient sicher nicht dazu anzuzeigen, dass sich die Trauung am Hafen abspielt, sondern um zu berichten, dass der Bräutigam von weither übers Meer gekommen ist.

In anderen Ausgaben wird derselbe Holzschnitt mehrfach wiederholt, wenn es um die Darstellung der verschiedenen Vermählungen geht. So bei Heinrich Steiner, der in seinen ab 1538 in Augsburg erschienen Ausgaben nicht nur diese Vereinfachung konsequent durchführte, sondern andererseits für eine grundlegende Modernisierung des Stils und der Bildkonzeption der Holzschnitte steht (Abb. 40). Die Angaben im Bild, Kleidung und Physiognomien der Figuren ebenso wie die Umgebung, dürfen nur wenig spezifisch sein, wenn die Holzschnitte an mehreren Stellen und in unterschiedlichen Zusammenhängen für den Betrachter glaubhaft eingesetzt werden sollen. Der Handlungsraum bleibt undefiniert, die Brautleute werden von einem Mann hohen Standes, aber keinem Geistlichen verbunden, reiche Gewandung und Krone genügen, um den königlichen Kontext anzugeben.

Abb. 40 *Vermählungsszene*, die für die Hochzeiten Gyots, Anthonis und Reinharts wiederholt wird: Augsburg: Heinrich Steiner 1538.

¶ Wie gyott gen armenie kam vnd zů künig gekrönet vnd im Florie des küniges dochter vermahelt wart

Wie Reymond und Melusine Nachricht von ihren zwei Söhnen, Uriens und Gyot, zukam, dass sie beide zu Königen gekrönt waren.

Reymond und Melusine erhielten Nachricht von ihren beiden Söhnen, und sie begriffen jetzt das grosse Glück und die Ehre, die ihren zwei Söhnen widerfahren waren; ... Und sie verhielten sich jedoch wie die Weisen und entsprechend ihrer großen Klugheit (von der Gott manchem viel geschenkt hat) und sie erkannten, dass Gott ihnen so grosses Glück zugefügt hatte und dass sie es nicht von selber hatten und dass Undankbarkeit eine Mutter aller Schande ist.

Die feste Verankerung der Protagonisten im christlichen Glauben ist die Voraussetzung dafür, dass der Feenzauber nicht in den Verdacht der Hexerei gerät. Deshalb werden an vielen Stellen die christlichen Tugenden Melusines und des Hauses Lusignan betont, die Bilder stellen ritterliche, edle Attitüden heraus und widmen den kirchlichen Zeremonien breiten Raum. Dieser Holzschnitt bezieht sich aber zunächst wörtlich auf den sachlichen Titel und lässt die in der Erzählung anschließende „Tugendlehre" ebenso wie das Dankgebet vermissen. Es fehlt auch ein offensichtlicher Hinweis darauf, dass die Dankbarkeit gegenüber dem günstigen Schicksal Melusine zu frommen Stiftungen und Kirchengründungen bewogen hat. Im Vordergrund steht die Überbringung einer Botschaft an das gräfliche Paar, das dem Boten auf der Brücke über den Burggraben begegnet. Reymond nimmt den versiegelten Brief aus der Hand des Boten entgegen und wendet sich dabei schon zu Melusine hin, die ihn fragend anblickt.

Die wiederholten Darstellungen schriftlicher Botschaften in den Holzschnitten dienen einerseits dazu, die Glaubwürdigkeit der Geschichte gleichsam urkundlich zu bestätigen, andererseits liefern sie Anlässe für neue Wendungen der Handlung und verschränken nicht zuletzt die Bildgeschichte mit der schriftlichen Fassung der Erzählung. Die in den Briefen mitgeteilten Ereignisse abseits des narrativen Hauptstrangs dienen in der Holzschnittfolge entsprechend als Hinweis auf etwas, was sich außerhalb der Bilderzählung abspielt bzw. selbst nicht dargestellt wird.

¶ Wie reymond vnd melusinē botschaft kam vō iren zweien sünen vrīes vnd gyot das sy beyde zů künig gekrönet worent

Wie der aus dem Poitou und der aus dem Elsass gegeneinander kämpften und der König von Elsass gefangen genommen wurde und dadurch die Leute aus dem Elsass den Sieg verloren und flohen.

Anthoni von Lusignan geriet an den König von Elsass und kämpfte gegen ihn so heftig und tapfer, dass der König sich ihm gefangen gab und ihm sein Schwert bereitwillig darbot, denn wenn er das nicht bald getan, sondern etwas gezögert hätte, so wäre er von der tapferen Hand Anthonis getötet worden. So nahm ihn Anthoni auf Pardon in Gewahrsam.

Nun ziehen die nächsten beiden Söhne der Melusine, Anthoni und Reinhart, hinaus in den Kampf. Der Beginn dieser Episode fehlt im Darmstädter Exemplar, für das verlorene Blatt wird hier der entsprechende Holzschnitt aus einem unkolorierten Exemplar gezeigt, der dem oben zitierten Ende des Kapitels auf der gegenüberliegenden Seite folgt.

Die beiden Brüder eilen der bedrängten Herzogin von Luxemburg zu Hilfe, die als Waise dem Ansturm des Königs von Elsass schutzlos ausgeliefert ist. Hier beweist sich edles Rittertum, wenn die beiden zunächst heldenhaft kämpfen und zugleich Gnade zeigen. Anthoni hält im Schlag inne, schont den am Boden liegenden Gegner, führt den Schwerthieb nicht mehr aus, zu dem er den Arm erhoben hat – das wissen aber nur die Leser, im Bild bleibt das Ende des Angriffs offen. Der Besiegte liegt wehrlos am Rücken, sein Schwert hat er ganz vorne am Bildrand neben sich auf den Boden gelegt, am Kopf strömt Blut aus einer Wunde. Ängstlich blicken sich seine Soldaten nach ihm um. Sie fliehen, sind schon fast aus dem Bild gedrängt, haben die Waffen weggesteckt oder locker über die Schulter gelegt. Die Mannen der Lusignan aus dem Poitou setzen ihnen mit weiten Schritten nach, schicken mit gespanntem Bogen Pfeile hinterher und stürmen mit furchterregendem Schild, Schlachtbeil und Hellebarde deutlich über die Mitte des Bildes hinaus, den Flüchtenden hinterher. Die Bildaussage wird sowohl durch die Komposition im Ganzen, als auch durch die Attitüde, ja sogar die Mimik einzelner Figuren bzw. der beiden gegnerischen Gruppen auf Anhieb verständlich. Die reichhaltige und abwechslungsreiche Linienführung schafft auch ohne Farbe differenzierte Zwischentöne ebenso wie gegenstandsbezogene Schwarz-Weiß-Färbung.

fol. 32r

Wie der Herzogin und geborenen Nachfolgerin von Luxemburg der gefangene König von Elsass, der ihr ohne ihr Verschulden grosses Leid zugefügt hatte, übergeben wurde, und wie sie ihn den Herren von Lusignan zu ihrer freien Verfügung überliess.

Als nun die Flucht und die Verfolgung ganz zu Ende waren, und die Schlacht ganz beendet war, da schickten die zwei Brüder den König von Elsass, ihren Gefangenen, in die Stadt Luxemburg und befahlen, ihn durch sechs ihrer Ritter der hochgeborenen, edlen Fürstin und Jungfrau, die alleinige Erbin des Fürstentums und der Stadt war, vorzuführen und zu übergeben.

Die Ausfahrt der Brüder Anthoni und Reinhart von Lusignan, die dem von Elsass bedrängten Luxemburg zu Hilfe eilten, die Angreifer besiegten und deren Anführer aus königlichem Geblüt gefangen nahmen, wird ausführlich weiter erzählt. Wie ihn drei der im Titel genannten sechs Ritter der verwaisten jungen Fürstin übergaben, zeigt dieser Holzschnitt, der auf das zitierte Ende des Kapitels folgt. Die Protagonisten tragen Rot, der Krone des gefangenen Königs entspricht vom Stand her ein fürstlicher Hermelinpelz der Jungfrau.

Die Szene spielt wieder, wie zwei Szenen zuvor die Überbringung der Botschaft vom Erfolg ihrer Söhne Uriens und Gyot an Reymond und Melusine, vor einer Burg. Das turmbewehrte Tor wurde gegenüber dem vorigen Bild kaum verändert. Nur der Leser weiß, dass es nicht dieselbe Burg ist, vor der der gefangene König übergeben wird; für den Betrachter ist es aber nicht ungewöhnlich, dass das Tor nur stellvertretend für eine Stadt oder eine Burg steht und nicht eine spezifische Festung wiedergibt. Der Reißer dieser Holzschnitte verzichtet generell auf eine ausführliche Schilderung der Schauplätze, er setzt vielmehr auf signifikante Versatzstücke und auf die Personen als Träger der Handlung und der Erzählung.

Wie der gefägene künig von elsas presentieret wart der hertzogin vnd tochter geborn von lüczelburg der ir vil kummers zü gefüget vnuerschuldet vnd sy in denn herren von lusinien schancketet/das sy mit ym thün soltent was sy wolten

Wie der König von Elsass die Fürsten um Gnade bat.

Der König wurde durch diese Rede sehr froh und fiel vor der Fürstin auf seine Knie und bat sie um Gnade, wie das abgesprochen war.

Der Holzschnitt schiebt sich mitten in die Erzählung hinein, unterbricht sogar eine wörtliche Rede des Königs – und trotzdem weicht er entscheidend vom Wortlaut der Geschichte ab. Die besagt, dass die Brüder Lusignan von einem Lösegeld für die Freilassung des Gefangenen absehen wollen, *unter der Bedingung, dass er vor euren,* d.h. der Fürstin, *Gnaden auf seine Knie falle und euch bitte, dass ihr ihm seine Gewalt und Nötigung, die er euch gegenüber wider Billigkeit und ohne Anlass eurerseits ausgeübt hat, gnädig geruht zu verzeihen*. So geschieht es und so ist es auch in der in Nürnberg aufbewahrten Handschrift dargestellt (Abb. 41): Im Beisein der Brüder schwört der König auf Knien vor Christin von Luxemburg, *dass er euch in Zukunft nie mehr Leid noch Schaden zufügen, noch dies jemandem zu tun befehlen noch gestatten wird*. In der Drucküberlieferung setzt sich dagegen die Ikonographie durch, die wir hier sehen, und die vom Titulus gestützt wird. Nicht die jungfräuliche Fürstin, sondern die männlichen Fürsten

Abb. 41 *Der König von Elsaß kniet vor Christine von Luxemburg*, 1468; Nürnberg, Germanisches Nationalmuseum: GNM Hs 4028.

werden um Gnade gebeten. Ist ein Fehler des Setzers der Grund für diese Unstimmigkeit? Oder spielt hier das Geschlecht eine Rolle? Weist das Bild eher auf den Rat des Königs an die Fürstin und die Landherren Luxemburgs, die edlen Ritter Lusignan nicht ziehen zu lassen, sondern durch Heirat an den Hof zu binden?

Das Tor jedenfalls steht hier tatsächlich für eine Identität des Schauplatzes.

¶ Wye der künig von elſas die fürſten vmb genode batt

Wie Anthoni und die Jungfrau miteinander vermählt wurden und man die Hochzeit hielt mit Tanzen, Singen, Springen und mancherlei höfischen Vergnügungen.

Jetzt wurde das Hochzeitsfest mit Freude und Glanz abgehalten, und es wurde turniert, getanzt und viel Unterhaltendes getrieben. Der König turnierte auch und zwar sehr erfolgreich; und dieses Fest dauerte acht Tage.

Es ist der gefangene König von Elsass, der die Kampfkraft und den Edelmut der beiden Brüder Lusignan direkt erfahren hat, dadurch geläutert wird und schließlich gleichsam an Vater statt eine Vermählung der verwaisten Jungfrau und Erbin mit dem Älteren, Anthoni, vorschlägt. Wieder wird also eine Hochzeit gehalten, wieder führt ein Bischof die Hände der Brautleute zusammen, zwei Zeugen schauen ihm dabei über die Schulter. Endlich wird aber auch ein richtiges Fest gefeiert mit Tanz und Musik! Alle überragend fällt zuerst ein Bläser ins Auge, der mit voller Energie und prall aufgeblasenen Backen seine Trompete zum Klingen bringt. Ein Zweiter spielt die Flöte und geleitet die Hochzeitsgesellschaft zum Tanz. Die Dame eines Paares wird vom linken Bildrand scharf abgeschnitten. Dies läuft den sonst meist auf die Mitte ausgerichteten und am Rahmen orientierten Kompositionen zuwider. Wie die entsprechende Miniatur der Basler Handschrift zeigt, scheint der Formschneider hier tatsächlich einen Ausschnitt aus einem querformatigen Bild gewählt zu haben, in dem die Paare der Festgesellschaft noch vollständig Platz finden – ein wichtiger Hinweis in der noch immer nicht geklärten Frage der Vorlage für den Baseler Druck.

¶ Wye Anthoni vnd die iungfrouwe zů samen vermahelt wurdent
vnd man hochzyt hatt mit tanczē singen springē vn manches hoffierē

Wie der König von Elsass die Nachricht bekam, dass die Türken seinen Bruder, den König von Böhmen, in Prag belagerten.

Nach diesen acht Tagen wollte man vom Hof abreisen und sich verabschieden, da kommt ein Bote aus Böhmen geritten und fragte nach dem König von Elsass. Und er wurde sogleich vorgelassen und brachte dem König Briefe. Als er die geöffnet und gelesen hatte,

da erschrak er sehr und seufzte und sagte allen, dass ihm der König von Böhmen Nachricht geschickt und ihm geschrieben hätte, dass der grosse, mächtige Kaiser der Türkei in der Stadt Prag mit einem grossen Heer und viel Kriegsmacht ihn völlig belagert und eingeschlossen hätte und dass er von niemandem Entsatz oder Hilfe zu bekommen wisse als von ihm und dass er ihn zur Hilfeleistung in brüderlicher Treue feierlich beschworen hätte.

Der Holzschnitt ist mitten in den Satz eingeschoben, der nach nur acht Zeilen Text auf dem Blatt mitten in der Zeile abbricht, den großen Rest der Seite unbeschrieben lässt, den Leser zum Umblättern zwingt und nach dem ganzseitigen Holzschnitt auf dem folgenden Blatt weitergeführt wird. Diese an vielen Stellen auffallende Verschwendung von Papier und die manchmal wenig überzeugende Abstimmung von Schriftbild und Bildanordnung deutet darauf hin, dass eine mögliche Vorlage für dieses Ausgabe stark abgeändert werden musste, um das Format des Satzspiegels und vor allem das ganzseitige Format der Holzschnitte mit der Textmenge in Einklang zu bringen – was öfter misslang.

Obwohl der Erzähler gerade das Öffnen und Lesen, die Reaktion und das Weitersagen der schrecklichen Nachricht aufzählt, wird im Bild dasselbe Muster des Überbringens der Botschaft wiederholt, wie es öfter im Verlauf des Buches eine Wendung im Handlungsablauf markiert. Wie um innezuhalten in der überstürzt erzählten Schilderung der Ereignisse, verkürzt das Bild die Darstellung auf die Überbringung der Briefe und reduziert die Akteure auf den Boten und den (nun bärtig dargestellten) König, der ihm wider jegliches Zeremoniell am nun schon sattsam bekannten Tor der Lützelburg persönlich entgegentritt. Der zeitgenössische Leser wird sich in der folgenden Episode zweifellos an damals weltbewegende und für Jahrhunderte prägende historische Ereignisse, die Eroberung Konstantinopels 1453 und die Ausbreitung des Osmanischen Reichs über den Balkan nach Norden, erinnert haben.

⁋ Wia dem künig von elſas botſchaft kam das die türcken ſinen brůder den künige von behem zů prage belegen hatten

Wie der König von Elsass mit seinen Leuten kam und die Zelte aufgeschlagen waren und Reinhart ihn sehr herzlich empfing und ihn in die Stadt führte.

Und als der König das Feld am Fuss der Stadt betrat, da meldete er ihnen, dass er gekommen sei. Da hatten sie für ihn im Voraus vor der Stadt prächtige Zelte aufgeschlagen, um ihm für alle seine Leute Herberge zu geben, und es empfing ihn Reinhart sehr formvollendet mit Anstand.

Die Botschaft von der Belagerung Prags durch die Türken hat die ursprünglichen Gegner, Elsass und Luxemburg, im Kampf gegen den gemeinsamen Feind verbündet. Gemeinsam mit Anthoni, dem frisch vermählten Graf von Luxemburg, und Reinhart, dem die Tochter des böhmischen Königs in Aussicht gestellt wurde, wollen sie nach Prag ziehen, um dem König von Böhmen, er ist ein Bruder des Elsässers, mit ihren Truppen beizustehen. Es beginnt die Sammlung der Truppen; die Ankunft der Elsässer Mannen wird am Ende des knapp eine Viertel Seite kurzen Textabschnitts geschildert, aber eigens auch im Bild auf der gegenüberliegenden, linken Seite dargestellt, um zu bestärken, dass der ursprüngliche Feind nun wirklich als Freund und Verbündeter empfangen wird.

Immer noch bilden die beiden Rundtürme das bezeichnende Charakteristikum von Stadt oder Burg Luxemburg, nun werden sie aber ergänzt um Mauern, Wehrgang und Dächer von Gebäuden. Sie bilden die Kulisse für die im Titel genannten Zelte vor der Stadt, die den Truppen als Lager dienen sollen. Hinter zwei Felsen, die den Blick des Betrachters auf die Szenerie einschränken, ist eine Gruppe geharnischter Reiter angekommen. Nur das vorderste der Pferde ist zu sehen, so dicht ist die Gruppe zusammengedrängt. Reinhart ist dem (nun wieder bartlosen) König, er ist bereits abgesessen, entgegengetreten und hält ihn in vertrauter Begrüßung am Arm. Dass sich diese Hauptszene ganz am Rande abspielt und die ranghöchste Person, der König, fast hinter dem Pferd eines Reiters verschwindet, weist auf ungelöste Schwierigkeiten im Entwurf bzw. im Umgang mit einer Vorlage hin.

¶ Wie der künig von elsaß mit sinem volck kam vnd die gezelt vff geschlagen worent vnd Reynhart in gar fruntlich entpfienge vnd furt in in die statt

Wie der König von Elsass und Anthoni und sein Bruder und alle ihre Leute abmarschierten und die Gattin Anthonis ihnen Segen wünschte.

‚Allerliebster Mann, noch habe ich eine Bitte an euch; mögt ihr mich damit ehren und sie mir nicht abschlagen…: Weil Gott es gefügt hat, dass wir zusammen verheiratet sind und ihr Fürst und Herr hier geworden seid, mögt ihr also mir zur Freude und zur Ehre meines seligen Herrn und Vaters, dessen Erbe ihr seid, Schild, Helm und Wappenrock tragen und für euch und euren Stamm dieses Wappen übernehmen…' Darauf antwortete ihr Anthoni und sagte: ‚Meine teuerste Gemahlin, meines Vaters und meiner Ahnen Wappen zu lassen, gehört sich für mich nicht; aber ich habe ein Mal auf die Welt gebracht mit der Löwentatze, die ich auf meiner Wange trage, weswegen mich mancher verwundert angeschaut hat. Deshalb will ich als Wahrzeichen auf meinem Helm den Löwen führen und haben; darin will ich eurem Wunsch entsprechen, weil ihr in eurem Wappen den Löwen führt.'

Der Leser weiß um die Male, mit denen die Söhne Melusines gezeichnet sind. Da sie mit körperlicher Schönheit und edlem Mut einhergehen, spielen sie in der Erzählung sonst kaum eine Rolle. In den Holzschnitten wurden die Makel bislang nur zweimal dargestellt, nämlich beim Bericht über die Geburt der Söhne und als Uriens in See sticht. Das Löwenmal im Gesicht Anthonis wird auch jetzt nicht sichtbar, als es um die in der Ritterschaft und generell in der vormodernen Gesellschaft kaum zu überschätzende Frage des Wappens geht. Das Mal verbindet ihn mit dem Wappentier seines neu errungenen Herzogtums, er kann daher mit Fug und Recht den Löwen als Helmzier tragen.

Der Holzschnitt zeigt nur ganz allgemein den Abschied. Die beiden Gruppen: der Herzog und die Herzogin von Luxemburg mit dem König von Elsass und drei Soldaten sind räumlich in der Landschaft angeordnet. Obwohl die Lützelburg nicht mehr zu sehen ist, erkennt der Betrachter an den zwei Felsen rechts vorne am Bildrand und im Hintergrund den Ausgang aus dem Wiesengrund vor der Stadt. In den letzten drei Holzschnitten sind diese Felsen immer von anderen Blickpunkten zu sehen und garantieren gewissermaßen eine Einheit des Schauplatzes. Im Unterschied zu dieser Detailgenauigkeit der Szenerie wird auf die Kennzeichnung der Personen kaum mehr geachtet. Bärtig oder bartlos, Krone, Kappe oder Barhäuptigkeit, Farbe der Haare, all das variiert von Bild zu Bild.

¶ Wie der künig von eylsas vnd anthoni vnd sin brüder vn̄ alles ir volck von dannen schiedent vnd anthonis gemahel sy segnote

Wie die Türken die Stadt Prag stürmten und die Leiche des erschlagenen Königs von Böhmen verbrannten.

Die Türken waren überaus erfreut, dass der edle, hochgeborene König und Herr umgekommen und erschlagen war, und sie entzündeten nahe beim Tor der Stadt Prag ein grosses Feuer und warfen den Leichnam des edlen Königs auf den Holzstoss und verbrannten ihn angesichts der Böhmen.

Die verbündeten Luxemburger und Elsässer treffen zu spät in Prag ein, der böhmische König ist im Kampf gefallen und wird demonstrativ entehrt und verbrannt.

Der Holzschnitt, der dem oben zitierten Ende des vorigen Kapitels gegenübersteht, zeigt die Wucht des Kampfes, der in der Textpassage zuvor anschaulich geschildert wird. Da werden seitens der Böhmen Steine von der Mauer herabgeworfen, von denen einer den heidnischen Ritter unter der Leiter bereits niedergestreckt hat. Ein anderer steigt stürmisch die Sprossen hoch. In kühner Perspektive durchmisst die Leiter fast das ganze Bild vom unteren Rand vorne bis zur Höhe der Stadtmauer im Hintergrund. Wie Feldherren beobachten drei Soldaten hinter einem Hügel die Schlacht. Abseits und abgegrenzt durch die Hügellinie und unbeachtet von allen im Bild – nur dem Betrachter ganz nah präsentiert –, vollzieht sich der Frevel an dem Leichnam des christlichen Königs. Wie verdammte Seelen üblicherweise ins Höllenfeuer gestoßen werden, drückt ein Soldat den Leichnam mit einer langen Gabel an der Schulter nieder. Der aufrecht, mit offenen Augen und verschränkten Armen dargestellte Oberkörper des auch im Tod noch gekrönten Königs erinnert dagegen an ein anderes Bildmuster, den toten Christus als Schmerzensmann. Die schändliche Verbrennung wird dadurch wie ein heiligmäßiges Martyrium gezeigt.

¶ Wye die türckẽ die stat prag stürmetent vnd den erschlag enen künig von beẏm verbranten also dot

Wie die vom Poitou und die Elsässer mit den Türken und Slawen vor Prag kämpften und der türkische Kaiser ebenfalls erschlagen wurde und viele Türken und Slawen mit ihm.

Reinhart vollbrachte grosse Heldentaten, und die heidnischen Türken begannen wegen Reinharts und Anthonis grossen Heldentaten und dem mannhaften Kämpfen ihrer Leute in grosser Zahl zu fallen und den Sieg zu verlieren... Das sah der türkische Kaiser, und er begann aus Zorn wild zu wüten, weil er seine Leute da so untergehen sah, und er nahm seinen Schild an sich und zückte sein Schwert und schlug einen Christen, so dass er tot zu Boden stürzte. Das sah zufällig Reinhart, und er holte zu einem so gewaltigen Schlag mit dem Schwert aus und traf den türkischen Kaiser so heftig, dass er ihm den Helm spaltete und den Schädel bis auf die Zähne teilte, so dass er tot vom Pferd niederfiel.

Der Holzschnitt mit dem Titel auf der linken und der zugehörige Textabschnitt auf der rechten Buchseite fügen sich zu einer dramatischen Schilderung des Kriegsgeschehens zusammen. Ein Getümmel von kämpfenden Rittern bildet die Folie für das entscheidende Ereignis, das dem Betrachter im Vordergrund präsentiert wird: der Tod des „türkischen Kaisers". Im Unterschied zu den namenlosen Soldaten hinten und anders als die farbige Schilderung im Text wird hier vorne im Bild kein Kampf gezeigt. Zwar stürmt Reinhart, den Schild schützend vor sich haltend, mit hoch erhobenem Schwert auf die Mitte zu. Dort ist der türkische Kaiser, gekrönt und in goldfarbener Rüstung, bereits über den von ihm zuvor getöteten Christen zu Boden gestürzt; er hat die Augen geöffnet und weist keine der schrecklichen Wunden auf, die ihm Reinhart laut Text zufügt. Überschnitten von einem hoch aufragenden Felsen schaut vom anderen Bildrand ein türkischer Kämpfer mit erhobener Lanze auf seinen gefallenen Herrn. Ein Paar im Zweikampf mit Schwert und Pike schließt die Hauptszene nach hinten zum Kampfgetümmel ab.

Die Gruppe der beiden Toten bildet durch die Lage der Oberkörper und der Arme und Beine auffallende Parallelen bzw. gegenläufige Richtungen aus. Dieser geschickte kompositorische Ansatz einer räumlich gedachten Überschneidung birgt hinter bzw. in der Bildfläche über dem König eine für den Reißer unüberwindliche Schwierigkeit. Deshalb lässt er die Beine des toten Soldaten einfach weg und platziert an der Stelle den Oberkörper eines weiteren Toten.

¶ Wye die poitemius vnd die elſaſſer mit den türcken / Vnd ſchlauen
vor prage ſtritent / vnd der türckiſche keiſer ouch erſchlagen wart
vnd vil türcken vnd ſchlauen mit yme

Wie der König von Elsass den türkischen Kaiser verbrannte und mit ihm alle Türken, Heiden und Slawen damit verbrannte.

Als der Kampf sich seinem Ende zuneigte und die Sache ganz vorbei war und die Heiden eine schwere Niederlage erlitten und den Sieg verloren hatten und der König von Elsass erfuhr, dass der Kaiser der Türken seinen Bruder selig, den König von Böhmen, nach dessen Tod hatte verbrennen lassen, da befahl er grosse Stösse Holz zusammenzutragen und alle an einer Stelle aufzuschichten und den toten türkischen Kaiser und alle Heiden darauf zu legen und zu verbrennen.

Diesem Ende des Kapitels folgen Titulus und Holzschnitt, die die Erzählung kurz zusammenfassen. Im nachfolgenden Kapitel wiederholt der König von Elsass das Geschehen in wörtlicher Rede, wenn er der böhmischen Prinzessin, seiner Nichte, berichtet, wie er den Tod des Vaters gerächt hat.

Wieder lodert ein Scheiterhaufen, die Flammen schlagen diesmal hoch hinter den drei Opfern empor. Der Maler ergänzt den Holzschnitt noch um weitere feuerrote Flammenzungen. Wie zuvor der König von Böhmen, werden auch die besiegten türkischen Gegner nur als Halbfiguren gezeigt, die Arme verschränkt, die Köpfe seitlich geneigt, aber die Augen noch halb geöffnet. Dies unterscheidet den Basler Druck von der Tradition der Augsburger Bämler-Ausgabe, in der die Toten im Feuer ausgestreckt am Boden liegen. Hier passt aber die Assoziation an die Verbrennung von Ketzern am Scheiterhaufen, wie sie im 15. Jahrhundert real erlebbar und in Bildern verbreitet waren. Selbst in der tiefsten Schmach wird der türkische Sultan entsprechend seiner herrscherlichen Würde mit der Bügelkrone der römisch-deutschen Kaiser ausgezeichnet; das unpassende Kreuz wird erst in späteren Ausgaben weggelassen. Als würde das Flammenmeer nicht schon genügend Aufmerksamkeit auf sich ziehen, zeigen die drei Figuren am rechten Bildrand, der Elsässer König mit zwei Begleitern, noch mit lauten Gesten darauf. Sie stehen scheinbar erhöht auf einem Felsplateau, überragen jedenfalls deutlich die bezwungenen Gegner in der Senke.

¶ Wye der künig von elsas den türckischen keiser verbrant vnd mit yme alle türcken heyden vnd schlauen dor zů mit yme verbrant.

Wie das Begräbnis des Königs von Böhmen prunkvoll, wie es geziemend und gehörig war, begangen wurde.

Da wurde ein aufwendiges, prächtiges Begräbnis vorbereitet und begangen, und die zwei Brüder von Lusignan waren ebenfalls dabei. Auch bestaunten die Böhmen die zwei Brüder sehr und sagten, dass Anthoni die Löwentatze bei Geburt auf die Welt gebracht habe, das sei eine höchst wunderbare Fügung; ebenso schien ihnen, dass Reinhart gleichermaßen wunderbar beschaffen wäre. Da sagten sie, dass er einem tüchtigen Ritter gleiche, dem es gut möglich wäre, vieles zu leisten und viele Länder und Leute unter seine Herrschaft zu bringen.

Während die Erzählung fortschreitet und zugleich mit dem Begräbnis des toten Königs schon auf eine mögliche Nachfolge vorbereitet – die tapferen Brüder werden sogar mehr als das Begräbnis selber bedacht – konzentrieren sich Titel und Holzschnitt auf die Trauerfeier, die im ersten Satz des folgenden Kapitels nur kurz erwähnt wird.

Der Leichnam ist in voller Rüstung und mit Königskrone aufgebahrt. Die ganze Anordnung und auch die Farbgebung weisen bereits auf ein steinernes Tischgrab mit der Skulptur des Königs hin, wie es aus der Grabmalskunst der Zeit bekannt ist. Andere Druckausgaben zeigen hier tatsächlich ein kunstvoll gestaltetes Grabmal in Form eines figurengeschmückten Schreins. Statt der Lusignan-Brüder wohnen neben dem Elsässer, dem Bruder des Toten, zwei gekrönte Damen der Trauerfeier bei. Nur eine davon lässt sich identifizieren als die Tochter und künftige Königin, für die andere gibt der Text keine überzeugende Erklärung. Auch das Bild gibt hier Rätsel auf: Während die eine wie der mittig hinter der Bahre stehende Elsässer den Toten betend betrauert, ist die andere zu Füßen des Grabmals wie der Diakon, der über dem Toten Weihrauch ausschwenkt, in die Liturgie eingebunden; sie trägt eine brennende Kerze. Die Exequien scheinen in vollem Gange.

¶ Wye des küniges wü behem begrebde begangen wart / erlich als das zimlich vnd billich was

Wie die Königin Eglantine von Böhmen Reinhart von Lusignan angetraut wurde, so wie ihm der König von Elsass das zugesagt hatte.

Der König rief ohne Verzug Reinhart von Lusignan und sagte: ‚Kommt herbei edler Ritter, ich werde euch halten, was ich euch zugesagt habe …, dass ich gegebenenfalls, wenn Prag mit Gottes und eurer Hilfe befreit wird, euch meine Nichte zur Gattin gebe und euch nach dem Tod meines Bruders zum Herrn und König in Böhmen machen würde … Deshalb nehmt die Jungfrau Eglantine und übernehmt es, das Königreich zu beschützen.' … Alle Landherren und das ganze Land Böhmen lobten Gott und dankten dem König, und sie waren alle überzeugt, dass Reinhart gut fähig und so tapfer sei, dass er das Königreich gegen die Ungläubigen kräftig schützen werde … Die Hochzeitsfeier wurde eingerichtet und veranstaltet und gemäß den Umständen und dem Tod des Königs von Böhmen standesgemäss begangen, und die beiden wurden standesgemäss in dem heiligen Ehestand miteinander verbunden.

Wieder eine Hochzeit! Ein weiterer Sohn Melusines erringt ein Königreich. Die Darstellungen der verschiedenen Vermählungen unterscheiden sich nur in der Wiedergabe des Schauplatzes und der beteiligten Personen neben dem Brautpaar und dem Bischof, der wie üblich ihre Hände ineinanderlegt. Hier stehen zwei Damen mit prächtigem Kopfschmuck hinter die Braut. Der Ehestifter, der Elsässer König, ist hinter dem Bräutigam an der Krone erkennbar. Im Gespräch wendet er sich einer vom linken Bildrand überschnittenen Rückenfigur zu, vermutlich Anthoni, der Bruder des Bräutigams, mit dem die gemeinsame Böhmenfahrt und die mögliche Heirat des jüngeren Reinhart vorab abgesprochen war. Den Arm keck in die Seite gestützt, das Bein elegant seitwärts gestellt, wendet Anthoni den Kopf ins Profil und leitet so den Blick des Betrachters auf das Zentrum des Geschehens. Von ganz hinten im Raum, d.h. von ganz oben im Bildfeld blickt ein Dritter in der Reihe der Männer nach vorne. Er unterstützt damit die Illusion einer räumlichen Tiefe, wie sie die sich nach hinten verjüngenden Fließen des Bodens und die Balken der Decke vorgeben. Die Kolorierung hebt noch zusätzlich die Plastizität der Balken hervor. Als Abschluss nach vorne dienen Maßwerkzwickel im Winkel des Rahmens, zwei Fenster in der Rückwand gewähren einen Ausblick in den blauen Himmel. Schließlich verweist ein Altar, am rechten Bildrand angeschnitten und geziert mit Kelch, Evangelienbuch und einem gemalten Altarbild, auf den sakralen Charakter des Raumes.

¶ Wye die künigin eßglantine von beheim reynharten vnd lusime ver
mehelt wart als ym der künig von elsas das versprochen hatt

Wie die Hochzeit gefeiert wurde – allerdings wegen dem Tod des Königs ohne Tanz; doch es wurde turniert, und Reinhart hielt sich sehr ritterlich.

Und das Fest dauerte fünfzehn Tage, und es wurde dabei sehr gut turniert. Jedoch Reinhart, der neue König, gewann den Ehrenpreis und turnierte sehr ritterlich. Die gewöhnlichen Leute sagten alle: ‚Selig sei unser neuer König und Herr, denn er ist, wie wir hoffen, in einer glückbringenden Stunde hergekommen, und Gott hat in seiner Gnade gut für uns gesorgt.' Und er wurde denn auch, wie uns die französische Geschichte erzählt, ein gar hochgeschätzter Fürst, denn er eroberte in Friesland Orthenbleg, später das Königreich Dänemark. Und er herrschte machtvoll mit viel Glück im Zeitlichen und in Ehren.

Wieder gehört ein Turnier zur Feier der Hochzeit, bei dem sich auch der Bräutigam hervortut, von dem nun schon so viel Gutes berichtet wurde.

Der Betrachter blickt wieder zwischen zwei seitlich aufragenden Felsformationen auf das Stechen im Wiesengrund. Der Schauplatz wird dadurch vom Betrachter entfernt, das Geschehen wie auf einer Bühne inszeniert. Dazu passt der einzelne Baum als Abschluss der Bühne nach hinten. In Anspielung an die Eheschließung verschlingen sich die beiden Äste aus dem einen Stamm und zeigen die innige und wie die Krone des Baumes üppig grünende Verbindung der Brautleute an. Die sind vermutlich in dem hinter dem siegreichen Ritter stehenden Paar zu erkennen. Weder die hohe Haube der Dame, noch die blonden Locken dieses und des zweiten Jünglings im Bild noch die Wappen helfen bei der Identifizierung der Personen. Reinhart müsste eigentlich an seinem Makel von Geburt erkennbar sein – er hat nur ein Auge mitten auf der Stirn, aber die Holzschnitte verzichten bislang fast durchgängig auf die Darstellung der entstellenden Male.

¶ Wye die hochzyt volbrocht wart doch on tantzē vmb des küniges todes wille doch wart gestochē vn̄ hielt sich reynhart gar ritterlichē

Wie Geffroy aus dem Land ging und sein Bruder Froymond inzwischen in Maillezais ein Mönch wurde.

Nun lassen wir das auf sich beruhen und berichten weiter von Melusine. Nun wurde Froymond, Melusines jüngster Sohn, klug und sehr gelehrt, und er ging oft in das Kloster bei Maillezais und er bekam eine grosse Liebe zu diesem Kloster, bis er zu dem Entschluss kam, dass er in diesem Kloster ein Mönch werden und ein geistliches Leben führen wolle. Und er brachte das mit grossem Bitten seinem Herrn und Vater, ebenfalls seiner Herrin und Mutter, Melusine, vor.

Der Titulus verknüpft die Geschichte der nächsten zwei Brüder, die ein gemeinsames, tragisches Schicksal verbindet. Vom einen, Geffroy, wird schon am Ende des vorausgehenden Kapitels erzählt, wie er seine große Fahrt beginnt, vom anderen, Froymond, wird im Anschluss an Titel und Holzschnitt berichtet, wie er sich für ein geistliches Leben entscheidet. Der Holzschnitt greift nur diesen zweiten Teil auf.

Der siebte Sohn Melusines schert aus der Reihe der ritterlichen Abenteurer aus, strebt auch nicht nach hohen kirchlichen Ämtern, die ihm sein Rang und seine Herkunft bieten würden und die ihm sein Vater anträgt, sondern wählt das Mönchsleben. Maillezais, das in der Historia von Melusine selbst gestiftete Kloster, wird durch seinen Eintritt vollends zum Ort der Memoria, der Pflege des Totengedenkens und des Gebets für die Familie Lusignan. Die Ruinen der zeitweise sehr mächtigen Abtei Maillezais im Poitou zeugen übrigens noch heute von der einstmals beeindruckenden architektonischen Anlage.

Im Holzschnitt bildet der ummauerte Klosterbezirk die Kulisse für die Übergabe des Knaben durch seinen Vater an zwei der Mönche bzw. den Abt. Im Text wird dies nur am Rande der ausführlichen Darlegung der schwierigen Entscheidung erwähnt, im Bild wird damit der entscheidende Moment des Klostereintritts herausgegriffen. Die schwarze Kutte weist die Mönche als Benediktiner aus, was die Realität der Abtei Maillezais abbildet, während die braune Kolorierung des Karlsruher Exemplars aus ihnen Franziskaner macht – was der Demutshaltung Froymonds eher entspricht, der sich aus den vom Vater vorgeschlagenen Einrichtungen gerade das strengste wählt. Wie zu Beginn der Erzählung, als Reymond dem Grafen von Poitou als Knappe übergeben wird, fasst hier der Abt den Knaben am Arm. Blicke und Gesten verleihen der stummen Kommunikation eine Stimme. Von seinem Mal, Froymond hat ein Pelzchen, eine stark behaarte Stelle an der Nase, ist nichts zu sehen, gezeigt wird er in seiner edlen, makellos schönen Gestalt.

¶ Wie goffroy von land schied vnd sin bruder froymond do zwüschē ein münch wart zu malliers

Wie Reymond Melusine im Bad sah und er sehr heftig erschrak und in heftigem Zorn seinen Bruder weg schickte, weil er ihm Schlimmes über Melusine gesagt hatte; das fand er aber nicht bestätigt.

Reymond sah nun durch das Loch hinein und sah, dass seine Frau und Gemahlin nackt im Bad sass. Und sie war vom Nabel an aufwärts eine ungewöhnlich schöne Frau, in ihrer Figur und im Gesicht unsagbar schön; aber vom Nabel abwärts war sie ein mächtiger, langer, bedrohlicher Schlangenschwanz, blau schillernd mit silbern leuchtender Farbe, und darin silberne Tröpfchen eingesprengt, so wie eine Schlange ist.

Die Schlüsselszene des Romans, der Bruch des Schwurs, Melusine am Samstag immer *frei und unbehelligt* zu lassen, wird in ihrer ganzen Dramatik, in erregter Rede und Gegenrede und mit widerstrebenden Emotionen geschildert. Die repräsentative Bildsprache des Richel-Drucks führt die turbulente Stimmung der Erzählung zurück auf ein Minimum an äusserer Bewegtheit, verhaltene Gestik und Andeutung des Handlungsverlaufs in den drei beteiligten Personen. Reymond, vorne in der Mitte platziert, vermittelt zwischen den beiden Phasen des Geschehens. Sein Blick, den er zuerst verbotenerweise auf Melusine ruhen liess, folgt nun seinem nach der anderen Seite davonreitenden Bruder, der ihn zum Tabubruch angestachelt hat; mit der Hand jagt er ihn fort. Das Pferd ist nur noch halb zu sehen, Fels und Bildrand schränken hier den Blick ein. Als Rückenfigur nimmt Reymond im Bild die Position des Betrachters vor dem Bild ein. Während er aber den Blick von Melusine abgewandt hat und sie zuvor nur durch ein mit dem Schwert gebohrtes Guckloch beobachten konnte, bleibt der Betrachter gebannt an ihrer verzauberten Gestalt hängen. Die Öffnung der vorderen Wand der Badstube, ein Gehäuse im Bereich der mit zwei mächtigen Türmen angedeuteten Burg, gewährt ihm ungehinderte Sicht auf das Mischwesen, halb nacktes Weib, halb Schlange. Ehrbar behütet und die Hände vor die Scham gelegt, blickt sie zur Tür; Reymonds Blick hat sie bemerkt, nicht aber den des Betrachters.

Diese Bildkonzeption, die sich eng mit der entsprechenden Federzeichnung in der Basler Handschrift verbindet, bleibt in den Melusine-Drucken bis ins 19. Jahrhundert kaum verändert. Selbst die nur gering bebilderten Ausgaben mit fünf oder weniger Illustrationen verzichten nie auf diese Szene. Allerdings wandelt sich die Gestalt Melusines in ein Meerweib mit Fischschwanz, das sich lasziv wie eine Sirene das Haar kämmt.

Die Erzählung geht zunächst andere Wege, der Tabubruch bleibt, weil Reymond für sich behält, was er gesehen hat, ohne unmittelbare Folgen.

¶ Wie reymund melußinen Jm bad sach vnd er zů moll übel erschrack
vñ in grossem zorn sinen brůder võ yme schickte wan er yme arges
von melußinen seit / das er aber nit befunden hatt

Wie Geffroy den Riesen von Garande erschlug und wie er das Horn des Riesen blies und wie seine Leute herbeikamen.

Geffroy holte wieder zu einem Schlag aus und gab dem Riesen auf seinen Helm einen so starken, gewaltigen Schlag, dass er dem Riesen den Helm und den Kopf spaltete, so dass er sofort tot war. So tötete Geffroy den gewaltigen Riesen dort auf dem Feld.

Und er schnitt ihm die Riemen auf und schlug ihm da mit seinem Schwert seinen Kopf von seinem Leib und blies dann sein heidnisches Horn.

Im Unterschied zu den älteren Brüderpaaren, die sich im ritterlichen Kampf gegen mächtige Angreifer bewährten und so die Kronen fremder Länder errangen, nimmt es Geffroy mit Riesen auf. Im Land *Garande*, das an die von Melusine erbaute Festung La Rochelle grenzt, bezwingt er Gedeon, *ein gewaltiges, feindselige Ungeheuer*, das Land und Leute in Angst und Schrecken versetzte.

Während die Erzählung den Kampf über Seiten hinweg in allen Farben schildert, zeigt der Holzschnitt bereits den Triumph des Helden, mit dem das neue Kapitel einsetzt – eine Beruhigung für den Leser, der den Ausgang des spannenden Abenteuers am Bild schon vorweg ersehen kann! Wie ein gefällter Baum liegt der Riese auf dem Rücken, die Pike unter sich begraben. Die schrecklichen Wunden, von denen der Text berichtet, werden nur in drei klaffenden Stichen angedeutet, alle Grausamkeit wird vermieden. Der Körper des Riesen sprengt die Breite des Bildfeldes; seine Beine verschwinden hinter einem Felsen, mit dem Haupt reicht er bis zum Gebirge im Mittelgrund. Von dort eilen die dankbaren Leute aus *Garande* herbei. Geschickt deutet die im Bogen geführte Horizontlinie einen Hügel an, hinter dem die Leute halb verschwinden und von einem tiefer gelegenen Tal die Anhöhe heraufzusteigen scheinen. Auf der vorderen Seite des Hügels steht ihnen Geffroy gegenüber, am langen Eberzahn zweifelsfrei erkennbar. Die Lanze im Arm und triumphierend ins erbeutete Horn Gedeons stoßend, steht er aufrecht am Bildrand. Der Betrachter verbindet ihn hier mit der vertikalen Achse des Rahmens, der seine starke, siegreiche Position bekräftigt; entsprechend wird die horizontale Rahmenleiste zusammen mit der Niederlage des Riesen wahrgenommen. Die Figurengruppe im Hintergrund ergänzt die Flächenachsen vorne um eine räumliche Diagonale in die Bildtiefe hinein. Die weit ausladende Geste des Anführers, mit der er scheinbar über den Hügel bis zum Horn reicht, verbindet die Figuren über Bildfläche und Raumillusion hinweg. Nicht zu übersehen: der in der Bildmitte aufragende Baum als fixe Achse.

Selten wird das Bildkonzept des Reißers so klar ablesbar wie in diesem Holzschnitt!

¶ Wie / Goffroy den rißen von garande erſlůg zů tode / Vnd er do des
ryſen horn blies vnd das die ſinen koment

Wie Geffroy die Nachricht erhielt, dass sein Bruder Froymond ein Mönch in Maillezais geworden sei, worüber er sehr erbost und sehr zornig war.

Und Geffroy rüstete sich so und wollte rasch und ohne Aufschub nach Norhombeland fahren und den Riesen bestehen, denn Herz, Sinn und Mut strebten nach grossem Ruhm, auch danach, Witwen und Waisen zu beschützen und alle Ungläubigen auszutilgen. Und da er also damit beschäftigt war und sich auch zum Einschiffen vorbereitete,

da kommt zu ihm ein Bote mit einem Brief von seinem Vater geritten.

In perfekter Dramaturgie wird die Erzählung mitten im Satz unterbrochen, der Leser muss umblättern und erfährt mit dem Holzschnitt samt Titel, dass die Geschichte eine ungeahnte Wendung nimmt. Statt das nächste Abenteuer zu bestehen, einen weiteren Riesen zu bezwingen, diesmal in *Norhombeland*, also wohl im Norden Englands (Northumberland), stoppt die Botschaft des Vaters Geffroys Pläne.

Der Holzschnitt dient als Zäsur. In der nun schon sattsam bekannten Art der Landschaftsdarstellung, zwei Felsen, die die Seiten der Bildfläche und den Bildraum bzw. die -bühne vorne und hinten markieren, dazu am Horizont zwei Bäume mit Buschwerk, begegnen sich der Bote und der Adressat der Nachricht. Der im Bild festgehaltene Moment eröffnet dem Betrachter den ganzen Ablauf der Szene: Die Hand zum Gruß an die Kappe gelegt, tritt der Bote auf Geffroy zu; dieser ist gerade vom Pferd gestiegen, das hinter dem Felsen wartet. Die Botschaft wurde bereits übergeben, das Siegel ist erbrochen. Geffroy hat wohl auch schon gelesen, was sein Vater schreibt. Unbewegt blickt er vom Blatt in seinen Händen auf, dem herantretenden Boten entgegen. Nichts im Bild verrät den Inhalt des Schreibens. Allenfalls die aus Lanze bzw. Botenstab gebildete Spitze der Diagonalen bringt eine aggressive Form ins Bild – sonst deutet nichts auf die heftige Reaktion Geffroys hin, die doch im Titel bereits ausgesprochen wird.

Briefe und Botschaften, die in der fortlaufenden Erzählung eingesetzt werden, um der Handlung neue Impulse zu geben oder Informationen aus weiteren Handlungssträngen zu liefern, werden häufig auch in die Bilderzählung eingeschoben. Sie suggerieren dem Leser den Eindruck von Aktualität der Handlung und verleihen der Geschichte dramatische Lebendigkeit. Die im Bild dargestellten Schriftstücke, die von den Bildfiguren gelesen werden, spiegeln wider, wie der Leser des Buches auch selber mit dem Text verfährt. Die sprachlich gefasste und aufgeschriebene Erzählung und die Erzählung in Bildern und bildlicher Sprache werden miteinander verschränkt. Es wird zwischen den Medien Sprache und Bild vermittelt.

fol. 53v

¶ Bye goffroy bottschafft kam das sin brůder Froymond ein mǔnch zů maliers wordē were darumb er vast grim vnsere zornig wart

Wie Geffroy das Kloster in Maillezais und alle Mönche mit dem Kloster verbrannte.

So sass er auf und ritt eilends und versäumte gar keine Zeit, bis er nach Maillezais zum Kloster kam; das war an einem Dienstag. Geffroy kam der Abt und der ganze Konvent entgegen, und sie freuten sich über seine Ankunft. Diese Freude nahm aber rasch ein Ende, denn Geffroy war voll von grimmigem Zorn und sagte zum Abt: ‚Verfluchter Mönch, warum habt ihr meinen Bruder so verweichlicht und beschwatzt, dass er ein Mönch geworden ist und das Rittertum verleugnet hat? Damit habt ihr dumm gehandelt und habt euch den Tod geholt, denn ihr werdet deswegen alle umkommen und euer Leben darum geben.'

Nach der *sehr erbosten* und *zornigen* Reaktion auf die Botschaft des Vaters, schreitet Geffroy zur Tat, steckt das Kloster Maillezais in Brand und lässt die in der Kirche eingeschlossenen Mönche mitsamt seinem Bruder Froymond auf grausame Weise in den Flammen umkommen. Die Erzählung, auch der oben zitierte Ausschnitt, beginnt schon mitten im vorherigen Kapitel. Geffroy, der Heldenmütige, wird zum rasenden Wüterich, der sich tief mit Schuld belädt: nach dem Tabubruch des Vaters ist dies der nächste Schritt dem Ende der Glück- und Segensgeschichte der Melusine zu. Sein Zorn entzündet sich an der Entscheidung seines Bruders gegen das ritterliche und für ein geistliches Leben, mit der ja auch der Vater Reymond zunächst nicht einverstanden war. Dabei gehört sowohl eine geistliche Stiftung, wie Melusines Gründung von Maillezais, als auch die Pflege des Gebetsgedenkens durch ein geistliches Mitglied der Familie zum Selbstverständnis des Adels.

Im Holzschnitt wird der Brand im Kloster - wir kennen die Anlage bereits aus dem Bild der Übergabe Froymonds an die Mönche - und die Verzweiflung der Mönche im wörtlichen Sinn groß herausgestellt. Feuerzungen lodern aus allen Gebäuden, der Kirche und drei Türmen, ja sogar aus der Klostermauer: Damit wird klar, dass die Mönche ausweglos im brennenden Kloster eingeschlossen sind. Mit erhobenen Armen schreien sie ihre Angst in divergierende Richtungen. Nie wird sonst die Figurenkomposition so stark aufgebrochen! Viel kleiner erscheint der Brandstifter, Geffroy, der sich mit zwei brennenden Fackeln in Händen hinter einem Felsen anschleicht. Er wirkt völlig ruhig, ungerührt, das Gegenteil des im Text geschilderten rasenden Zorns. Sein Pferd aber, das gerade noch am Bildrand sichtbar wird, scheint sich von der grauenvollen Tat abzuwenden. Als Ersatz für das fehlende Blatt im Darmstädter Exemplar wird hier wieder ein unkolorierter Holzschnitt abgebildet.

fol. 57v

Wie Reymond aus heftiger Wut und Zorn wegen Geffroys Untat Melusine vor den Leuten vorhielt, dass sie eine Nixe und eine Schlange sei.

Reymond blickte seine ehrenhafte Frau bösartig und zornig und hochfahrend an und schwieg ein wenig und begann dann und sagte vor allen: ‚Ah, du üble Schlange, du schändlicher Wurm, deine Nachkommenschaft und dein Geschlecht führt sich übel auf. Schau, welchen verheißungsvollen Anfang dein Sohn Geffroy mit dem langen Zahn gemacht hat, indem er seinen Bruder und auch hundert und einen Mönch und die prächtige Kirche verbrannt hat, besonders meinen Sohn Froymond, den ich herzlich geliebt habe. Und ich bin dort gewesen und habe es alles mit meinen Augen gesehen.'

Die Dramatik spitzt sich zu. Auf die blindwütige Raserei Geffroys reagiert sein Vater Reymond mit einer ebenso aus Wut und Zorn geborenen Wahnsinnstat: Er macht den Zauber Melusines, in dem er die Ursache für die Untat des Sohnes zu erkennen glaubt, öffentlich. Um ihr nunmehr unausweichliches Ende wissend, sinkt sie in Ohnmacht.

Im Vergleich mit der etwa gleichzeitig gedruckten Ausgabe aus der Offizin Bämlers in Augsburg wird das Besondere der jeweiligen Holzschnitte ablesbar. In unserer Richel-Ausgabe wiederholt sich die bekannte Darstellung eines Innenraumes hinter dem Rahmenbogen. Die Hauptfiguren: Melusine, wie tot am Boden ausgestreckt, und Reymond aufrecht zu ihren Füßen, nehmen die Hauptachsen im Vordergrund des Bildes ein. Für eine räumliche Dimension sorgen weitere Beteiligte, vor allem ein Mann, der als Pendant zu Reymond am gegenüberliegenden Bildrand hinter Melusine auftaucht, so als läge sie nicht am Boden, sondern in einem Bett, hinter dem die Beine des Mannes verschwinden. Die Figuren markieren statisch die Eckpunkte der Fläche und eröffnen schichtweise den Raum.

Dasselbe Personal handelt bei Bämler gemeinsam in eine Richtung auf Melusine zu, deren Oberkörper gegen eine Bank gelehnt leicht aufgerichtet ist. Hinter dem einzig statischen Reymond kommt ein Mann ins Bild gestürmt, die beiden Helfer wenden sich mit dem ganzen Körper der Ohnmächtigen entgegen und strecken ihre Arme aus, um ihr zu helfen. Die Ausrichtung der Bewegung aller Personen auf ein einziges und gemeinsames Gegenüber, Melusine, setzt sie auch als die Hauptfigur viel stärker in Szene. Durch ihre schräge Lage eröffnet sie eine räumliche Dimension für das ganze Bildgefüge. Bämler setzt diesen Holzschnitt zudem erst zum nachfolgenden Titel, der passend zum Bild die Ohnmacht ausdrücklich benennt.

¶ Wie reymond von grosser grimikeit/Vnd zorn von/Goffroys
missetatt/ wegen/ Melußinen vor den lütten ver weis das sye
ein merfay were/Vnd ein würm

Wie Melusine aus grosser Schwäche und leidvoller Betrübnis zu Boden fiel und wieder zu sich kam. Was sie dann mit Reymond, dazu mehreren Landherren über ihr Weggehen und auch über Horribel, ihren Sohn mit den drei Augen, beredete.

'Ach Gott, ach Gott, Reymond. … Dein grosser Verrat und die Falschheit deiner falschen Zunge, dein zorniges, grimmiges Reden und deine Vorwürfe haben mich so in eine lange dauernde Pein und Not gestürzt, worin ich bleiben und sein muss bis an das Ende des Jüngsten Tages … Noch hatte ich es ertragen, dass du mich im Bad gesehen hattest, weil du das für dich behieltest und das niemand anderem weiter sagtest. Und solange es der Teufel nicht wusste, da schadete das mir nicht. Aber weil du das nun selber verbreitet hast, so wird es für dich an Leben und an Besitz, an Glück und Segen und an Ansehen schlecht gehen … Wenn du mir deinen Eid unbeugsam und verlässlich gehalten und eingelöst hättest, so wäre … meine Seele sicher vom Leib in die ewige Freude gekommen … Nun sorge von jetzt an für dich selber, weil ich dir in Zukunft keine Gemeinschaft mehr geben kann, was für mich doch schwer und schmerzlich ist.'

Der Ohnmacht folgt eine lange Wehklage Melusines über den Treuebruch Reymonds, der jede Hoffnung auf Erlösung aus ihrem Zauber zunichtemacht und zugleich dem sagenhaften Aufstieg der Lusignan ein Ende bereitet.

Im Holzschnitt wird nicht die traurige Klage ins Bild gesetzt, sondern die im Text daran anschließende Rede Melusines, zu der sie Reymond und drei Landherren beiseite führt, um die Folgen des Eidbruchs zu besprechen, und Anweisungen für das weitere Vorgehen gibt. Dies erklärt den Schauplatz, das Gemach Reymonds, und auch seine unaufgeregte Haltung den von beiden Seiten – von dem vom Bildrand abgeschnittenen Bärtigen hinter ihm und von Melusine und ihren Begleitern vorne – auf ihn eindringenden, laut sprechenden Gesten gegenüber: Er sitzt mit verschränkten Armen auf dem Bett und hört aufmerksam zu. Tatsächlich stellt Melusine zumindest für Geffroy und das Kloster Maillezais eine versöhnliche Zukunft in Aussicht: Geffroy wird für seine Schuld sühnen, das Kloster schöner als zuvor wieder aufbauen und es mit besseren Mönchen besetzen; schließlich trugen die schlechten Sitten der zu Tode gekommenen Mönche mit Schuld daran, dass sie die Strafe Gottes getroffen hat.

Melusine verkörpert, ihrem Zauberwesen zum Trotz, die Tugend der Mäßigung ebenso wie die Vernunft und bildet den Gegenpol zu Zorn und Wahnsinn ihres Gemahls; bereits der Antike – Seneca wird im Text als Referenz genannt – galt der Zorn als eines der Hauptlaster, was im christlichen Kontext eine Todsünde bedeutet.

¶ Wie melußine von grosser Amacht vñ betrübtem gomer nider viel vnd sie wider zů ir selbes kam was sy do mit reymond ouch etlichen landes herren rett von yren hin scheidem vnd ouch von horribels/ irs sůns wegen der die dry ougen hatt /

Wie Melusine so schmerzlich ihr Unglück beklagte und ihren Abschied von Reymond, den sie nehmen musste, und wie er sie um ihr Wohlwollen bat und wie beide vor Herzensleid nieder fielen.

‚Unsere Freude ist in grosse Trauer verkehrt, unsere Stärke und Kraft ist verkehrt in Machtlosigkeit, unser Entzücken in heftiges Missvergnügen, unser Glück in Unglück, unser Wohlergehen in Not, unsere Geborgenheit ist verkehrt in grosse Ungewissheit, unsere Freiheit ist verwandelt in Knechtschaft.'

Reymond stand auf und ging mit schmerzlicher Gebärden zu Melusine und umarmte Melusine, seine liebste Frau, und küsste sie schmerzlich mit grosser Trauer und weinte heftig. Und aus der grossen bitteren Qual und dem unsagbaren Herzensleid, das sie beide wegen des Abschieds empfanden, fielen beide sofort zu Boden.

Mit der raschen Folge von vier Holzschnitten zwischen kurzen Textpassagen wird die Dramatik um den traurigen Höhepunkt der Liebesgeschichte von Melusine und Reymond schon beim Durchblättern des Buches anschaulich. Text, Titel und Bilder lassen sich nicht eindimensional zuordnen, sondern verweisen in diesem Abschnitt auch über weitere Distanzen aufeinander. Die Ohnmacht des zur endgültigen Trennung verurteilten Paares folgt im Holzschnitt auf das hier oben zitierte Ende des Kapitels, der zweite Textblock bildet den Schluss des folgenden Kapitels, in dem die bereits im Bild und im Titel angesprochene Ohnmacht der unglücklichen Liebenden noch einmal wiederholt wird.

Anders als in der Darstellung der Eheschließung liegen beide nicht unter, sondern auf der Bettdecke. Die Höflinge ringen im Unterschied zu den freudig-erwartungsvollen Zeugen der Heirat verzweifelt die Hände und blicken besorgt auf das Paar. Während Reymond wie tot mitten im Bett liegt, wendet sich Melusine von ihm ab; sie scheint auch gar keinen Platz mehr neben ihm zu finden und droht auf den Boden zu fallen. So stimmig die labile Position zur Geschichte passt, so täuscht die Darstellung doch nicht vollends über die gestalterischen Probleme des Formschneiders hinweg. Mit weit über den Boden ausgebreitetem Stoff des Kleides versucht er Melusines ohnmächtiger Lage optisch Halt zu geben. Dennoch gelingt es ihm nicht, die Position zwischen dem Sitzen am Bettrand und dem Niedersinken des Oberkörpers ins Bett ähnlich plausibel zu gestalten wie etwa der Miniator der Basler Handschrift. In der Folge der Augsburger Holzschnitte der Bämler-Ausgabe von 1474 wird die Schwierigkeit der Komposition souverän gelöst, indem Melusine vor dem Bett, zu Füßen Reymonds, zu Boden sinkt.

¶ Wie melusine so iemerliche clagete ir vngeuelle vnd das scheiden das sy tůn můst von Reymond vnd wie er sie gnaden batt / vnd beyde von hertzen leit nider vielent

Wie Melusine, als sie dann wieder zu sich kam, erneut bitter über ihr Weggehen klagte und dann ihr Testament machte, ganz als müsste sie sterben.

Die Landherren und Diener des Hofes und die edlen Damen und Jungfräulein fielen in tiefe Trauer und hoben sie da beide auf. Und als sie wieder etwas zu sich selbst gekommen waren, da schluchzten sie beide und alle von tiefstem Herzen. Da stand Reymond auf und fiel vor ihr nieder auf ein Knie und bat sie inständig, dass sie ihm verzeihen und vergeben wolle, dass er in so schwerwiegender Weise übertreten und sich selber vergessen hatte. Melusine sagte und antwortete: ‚Dies wird und kann nicht sein, weil Gott es nicht so gefügt hat und es muss anders gehen, als uns beiden genehm und lieb ist.'

Die Erzählung bleibt noch in weiteren Textpassagen bei der Schilderung der Ereignisse und Emotionen rings um den Eidbruch Reymonds. Die Sprache der Erzählung unterscheidet sich erneut von der Bildsprache des Holzschnitts und vom zugehörigen Titel. Alle drei Elemente ergänzen sich gegenseitig und steigern letztlich die Dramatik. Der in der Erzählung herausgestellte, höchst symbolträchtige Kniefall Reymonds, der freilich das einmal besiegelte Schicksal nicht beeinflussen kann, wird im Bild nicht dargestellt. Vielmehr tritt das vernünftige Handeln Melusines wieder in den Vordergrund, die sich ins Unvermeidliche fügt und Regelungen für die Zukunft ihrer Familie trifft. Von einem Testament ist im Text nicht die Rede, im Bild und im Titel wird die treue Sorge der Ahnherrin und Mutter damit aber in einen ebenso juristischen wie symbolischen Begriff gefasst. Zu Füßen des den ganzen Bildraum einnehmenden Bettes hockend, schreibt ein Junge nieder, was die hinter ihm stehende Herrin ihm mit ihrem ausgestreckten Zeigefinger anweist. Sie blickt nicht, wie ihre Begleiterin, die sich mit einem letzten Wort zu Reymond umwendet, zu dem noch immer kraftlos im Bett liegenden Gemahl zurück, sondern kehrt ihm den Rücken zu. Ihre Randposition deutet an, dass sie, so wie sie sich aus dem Bild heraus abwendet, sich aus der Geschichte verabschiedet: *ganz als müsste sie sterben.*

Wie melusine dar noch sie wider zů ir selbes kā aber bitterliche cla
gete ir hin scheidē vnd machte do ir testamēt glich als sy sterbē solte

Wie Melusine Reymond segnete und dazu alle ihre Leute und weinend und klagend Abschied nahm.

Melusine sprang mit geschlossenen Füssen auf eine Fensterbrüstung und schaute da hinaus und wollte dennoch nicht weggehen ohne Abschied von den Landesherren und dem ganzen Hofgesinde, wie ihr hören werdet. Nun redete sie wieder weiter mit Reymond und segnete ihn und sagte: ‚Segne dich Gott, mein Liebster, meine wahre, richtige Freude, … meine Zuflucht, mein Zeitvertreib, mein Scherz, mein Stolz, viel tausendmal Ach!… Segne euch Gott, all ihr Untertanen. Segne dich Gott, du Schloss Lusignan, so raffiniert und so schön, das ich erbaut und selber begründet habe … Segne dich Gott, mein liebster Freund, der mein Herz ganz besessen hat.'

Als jetzt Melusine all diese Worte gesprochen hatte, da machte sie vor ihnen allen einen Sprung und sprang gegen ein Fenster und schoss so zum Fenster hinaus und war von diesem Moment an schlagartig unterhalb des Gürtels wieder eine feindliche, ungeheure, große, lange Schlange geworden, worüber jene alle in grosses Staunen gerieten, denn niemand von ihnen allen hatte sie so in diesem Zustand gesehen und erblickt ausser einzig Reymond.

Nun erfüllt sich der Fluch Melusines. Ihre Zaubergestalt wird offen sichtbar. Ihre *geschlossenen Füsse,* mit denen sie, wie erzählt wird, auf die Fensterbank springt, sind im Bild zum Schlangenschwanz verbunden; Drachenflügel tragen sie durch die Lüfte. Das Haar züchtig mit der edlen Haube verdeckt, fliegt sie mit entblößten Brüsten, händeringend und ohne sich umzublicken aus der hohen Öffnung eines Turms der Burg, von deren Zinnen ihr Reymond mit trauernder Geste nachblickt, ohne den Höfling neben ihm zu beachten, der auf ihn einredet. Sie überfliegt den mit Fischen belebten Burggraben, der sowohl auf ihren mit dem Wasser verbundenen Zauber anspielt, als auch die Grenze zwischen den Welten markiert: der Burg mit dem wie darin gefangen erscheinenden Reymond und der weiten Landschaft, in der Melusine, schon ganz nah am Bildrand, verschwinden wird.

Der Holzschnitt fügt sich zwischen die beiden oben abgedruckten Textabschnitte und zeigt damit an genau der passenden Stelle die Verwandlung und den entscheidenden Wendepunkt der Geschichte an. Nichts wird dagegen von den innig-liebevollen Segenswünschen Melusines ins Bild gesetzt, die Reymond im folgenden Abschnitt seinerseits an die inzwischen unerreichbare Gemahlin richtet, bevor er verzweifelt klagt: *Weh, dass ich je geboren wurde.*

¶ Wie Melußine reymond gesegnete vnd alles volck vnd weinde vnd schraiende en weg schiet

Wie Reymond Melusine so von Herzen beklagte und wie Horribel, ihr Sohn, erstickt wurde, damit nichts Böses von ihm entstehe.

‚Herr, wisst ihr, was euch Melusine, eure Herrin, geraten hat über euren Sohn Horribel, dass ihr ihn töten lasst, wenn ihr nicht etwa wollt, das das ganze Land zu Schaden kommt?' Reymond antwortete und sagte: ‚Liebe Freunde, was sie mir oder euch geraten hat oder befohlen, das führt ohne Aufschub nach eurem Willen und Gutdünken durch.' Reymond blieb nicht lange dort, wo sie geredet hatten, denn er ging und schloss sich in eine Kammer und führte eine unbeschreibliche Klage, über die ich jetzt der Kürze wegen nichts mehr schreibe.

Zweigeteilt wie der Titel ist auch die Darstellung im Holzschnitt, der die beiden Figuren, Reymond und Horribel, in zwei völlig unverbundenen Teilen des Bildes platziert. Die Hände ringend wie zuvor Melusine bei ihrem Wegflug, sitzt Reymond auf seinem Bett, das in schräger Verkürzung mehr als die rechte Hälfte einnimmt; scharf abgegrenzt vom Bettpfosten ragt links hinter einem kleinen Hügel vom unteren Bildrand abgesetzt ein gemauerter Kasten auf. Aus der einzigen Öffnung in der vorderen Wand schlagen lodernde Flammen heraus und züngeln über alle Grenzen hinweg auch bis in Reymonds Gemach. Mitten in den Flammen erscheint die Büste Horribels, erkennbar an den drei Augen auf der Stirn.

Melusine hatte tatsächlich in ihrem Vermächtnis verfügt, dass der Horribel, der Schreckliche, genannte jüngste Sohn getötet würde, um Schaden von Land und Leuten abzuwenden. Sein Stigma deutet auf Krieg und Hungersnot, die auch die Brüder Lusignan in Elend und Armut stürzen würden, was es zu verhindern gilt. Eingeschlossen in einem Keller wird Horribel, anders als im Bild dargestellt, im Rauch von nassbrennendem Heu erstickt, um einen natürlichen Tod vorzutäuschen. Einer christlichen Bestattung steht durch diesen vorausschauenden Plan Melusines nichts im Wege. Reymond hingegen führt weiterhin Klage, *dass es niemand erzählen, lesen und beschreiben konnte.*

Wie reymond melusine so vō hertzen clagete vnd horribel yrē son erstecket wart vmb dz nit arges von yme erstünde

Wie Melusine nach ihrem Weggehen nachts oft zurückkam und ihre Kinder stillte, wobei die Ammen sie beobachteten.

Nun hatte er zwei ihrer kleinen Kinder, die noch beide gestillt wurden; sie befanden sich im Schloss bei den Ammen. Die sahen sehr oft bei hereinbrechender Nacht und später, dass Melusine in die Kammer kam, wo die Kinder lagen, und sie nahm eines nach dem anderen auf, nämlich Dietrich und Reymond, und wärmte sie beim Feuer und stillte sie liebevoll und legte sie dann nieder. Dies sahen die Ammen sehr häufig und oft und getrauten sich doch vor Furcht nicht, aufzustehen oder ein Wort mit ihr zu reden. Doch sie erzählten diese Vorkommnisse Reymond, ihrem Herrn. Davon wurde er überaus froh und hörte es gern und gewann dadurch die Hoffnung, dass er seine liebste Gemahlin damit wieder bekommen könne, was aber leider nicht sein konnte.

Nun wuchs der kleine Dietrich so rasch und legte zu, dass er in einem Monat mehr wuchs als ein anderes Kind in dreien, was die Leute sehr verwunderte. Doch meinten einige, das sei darum, dass ihn seine Mutter selber stillte.

Der Holzschnitt, eingeschoben zwischen die beiden Textpassagen, zeigt dem Betrachter Melusine als eine fürsorglich stillende Mutter. Vergleichbar dem in der Zeit verbreiteten Madonnentypus der Umiltà, der Demut, hockt sie in ihrer menschlichen Gestalt auf dem Boden und bietet dem zu ihr aufschauenden Knaben die Brust. Der zweite Säugling liegt in einer Wiege. Die Gruppe ganz vorne im Bild nimmt nicht wahr, dass die beiden weiter hinten in der Kammer in einem Bett schlafenden Ammen aufgewacht sind und die Szene beobachten. Die Ammen spähen nun die menschliche Gestalt Melusines aus, wie zuvor Reymond deren Metamorphose im samstäglichen Bad erspäht hatte. Die Schrägstellung des Bettes und die dem vorhergehenden Bild vergleichbare Abgrenzung zur Mauer, hier mit einem Bogendurchgang geöffnet, unterstützt den Eindruck der Trennung der beiden Sphären in dem einem Raum. Dem Betrachter des Bildes wird der Blick durch einen Bogen auf beide gewährt.

¶ Wie melußine nach yrem hinscheiden nachtes dick wider kam vnd
ir kinde seygete das es ammen sahent

Wie Geffroy zu dem Riesen in Norhombeland durch seinen Führer, den er bei sich hatte, kam.

Das lasse ich jetzt auf sich beruhen und erzähle jetzt, wie Geffroy im Land Garande, wie vorne steht, auf das Schiff gegangen war und mit dem Boten hin fuhr, so weit und so lange, bis dass er in das Land Norhombeland kam und landete.

Der Höhepunkt der Melusinen-Erzählung, ihre Enttarnung, die sie zur Rückkehr in den alten Zauber und in ihre Feengestalt zwingt, wird durch zwei Heldentaten des Sohnes Geffroy mit dem Eberzahn eingerahmt. Nach seinem Sieg über den Riesen Gedeon im Land Garande hatte Geffroy die Fahrt nach Norhombeland zum Kampf mit Grymmolt – eines Neffen Gedeons, wie man später erfährt – aufgeschoben, als ihn die Nachricht vom Eintritt seines Bruders Froymond ins Kloster erreichte. Statt gegen den Riesen zog er gegen die Mönche, brannte das Kloster nieder und löste damit den Treue- und Eidbruch seines Vaters mit all den geschilderten Folgen aus. Nun kehrt der Erzähler gleich nach den beiden Sätzen über den jüngsten Säugling Dietrich zu Geffroy zurück, der sich trotz des ausführlichen, über mehr als zwei Seiten ausgedehnten Berichts über die unbezwingbare Kraft und die schauerlichen Untaten des Riesen zu ihm führen lässt und ihn herausfordert. Grymmolt wiederum höhnt den Herausforderer.

Der Holzschnitt zeigt den in wildem Galopp heranfliegenden Geffroy bereits als Sieger über den tatenlos dastehenden Grymmolt; seine Lanze bohrt sich in den Brustharnisch des Riesen, der nur sein gewaltiges bärtiges Haupt wegdreht, aber weder das Schwert zückt, dessen Griff er mit der Rechten umfasst, noch seine Stange – aus Ahornholz, wie der Leser erfährt – gegen den Angreifer schwingt. Dabei fließt Blut aus der Wunde, was wieder nur die Handkolorierung des Darmstädter Exemplars dem Text entsprechend so erkennen lässt, ein weiterer Beweis für die Aufmerksamkeit und Textkenntnis des Malers.

Die Bildgestaltung ist schon aus mehreren Kampf- und Turnierszenen in freier Natur bekannt. Die beiden Felsen am vorderen Bildrand, die den Blick des Betrachters auf die Szene lenken und ihn zugleich vom Geschehen selbst distanzieren, erfüllen hier aber auch eine Funktion im Kampfgeschehen bzw. in der Erzählung selbst: Der Riese wird sich verwundet in den Felsen zurückziehen; mehr noch, der Berg wird sich als der Schicksalsort erweisen, der das Geheimnis um Melusine birgt.

⁋ Wie göffroy zů dem rißen kam zů northombeläde durch sine kunt
mau der Jm zů geben was

Wie Geffroy den Riesen um den Sieg brachte und der Riese vor ihm die Flucht in den Felsen ergriff.

Der Riese sprang zu Geffroy und ergriff ihn, um zu ringen. Da packten sie beide einander fest und rangen miteinander sehr heftig und so lang, dass ihnen beiden der Atem auszugehen begann. Da begann der Riese wegen seiner Wunden das Bewusstsein zu verlieren und Geffroy löste sich von ihm und kam wieder zu seinem Schwert, so dass er ihn noch stärker an einer Hüfte verwundete, dass er sehr heftig zu bluten begann und den Mut verlor. Und so verlor der Riese den Sieg und wandte sich darum schnell von Geffroy ab und ergriff da die Flucht in den Felsen.

Und er sprang hinter den Felsen hinab in ein finsteres Loch wie in einen Keller.

Atemlos wie die beiden kämpfenden Recken, verfolgt der Erzähler den Kampf. Auch der Reißer des zwischen den beiden Textpassagen eingefügten Holzschnitts gibt die gesteigerte Dynamik wieder. Geffroy holt zum Schlag mit dem Bihänder aus, Grymmolt sucht sein Heil in der Flucht und wendet den Kopf nun zurück ins Bild zu seinem Gegner, nachdem er sich zuvor, im letzten Holzschnitt, nach dem heftigen Stich aus dem Bild hinaus gewandt hatte. Sein eigenes Schwert steckt ungebraucht in der Scheide. Die aggressiv auf den Gegner zielende Spitze bildet eine für die Komposition wichtige Verbindung zwischen beiden, kann aber nichts gegen Geffroy ausrichten. Der Erzähler lässt auch den mächtigen Ahornstab schon während des Kampfes zerbersten; hier am äußersten Bildrand noch sichtbar, dient er dem Riesen mehr als Stütze denn als Waffe.

Der Felsen wird ihm Schutz bieten. Zu den zwei Felsblöcken am vorderen Bildrand sind gegenüber der vorigen Ansicht noch zwei weitere am Horizont dazugekommen. Der Schauplatz des Kampfes rundet sich damit, wie auch die Horizontlinie, zu einer räumlichen Tiefe, die der Dynamik der Bewegungen besser entspricht; selbst die Baumkrone driftet auseinander. Ohne Blut und Wunden zu zeigen, stützen alle Elemente im Bild die Aussage, dass und wie der als rastlos tobend geschilderte Kampf entschieden ist.

¶ Wie Goffroy den rißen sigeloß macht vnd der riße võ yme flüchtig wart In den feilsen

Wie Geffroy den Riesen in dem Berg suchte, wohinein er ihm entronnen war.

Am Morgen macht sich Geffroy früh auf und wollte die angefangene Sache zu Ende und Abschluß bringen und den Riesen töten oder dabei nicht weiter leben. Und als er eine Messe gehört hatte, da setzte er sich auf sein Pferd und ritt ohne Sorge oder Furcht vor dem Riesen zum Berg und kam auf den Berg und an den Felsen, in den hinein der Riese ihm entflohen war.

So suchte er da das Loch so lange, bis er es fand, und er sprang behende von seinem Pferd und nahm seine Lanze und stiess sie hinab in das finstere Loch und sagte: 'Nun voran, ich weiss, dass der Riese hier drin ist. Und es haben auch die drei Töchter des Königs Helmas diesen König, ihren Vater, hier drin eingesperrt, was eine fremdartige Geschichte ist. Jetzt habe ich geschworen und will nicht aus diesem Land gehen, wenn er von mir nicht völlig überwunden und getötet ist. Deshalb verleihe mir die Macht Gottes Gnade und Heil.

Der Kampf könnte nach den schweren Verletzungen des Riesen zu Ende sein. Aber Geffroy erfährt von dem Geheimnis um den Berg, von der Sage um den König Helmas von Albanien, der Herr dieses Landes war und im Berg eingeschlossen wurde. Immer neue Riesen, wie jetzt Grymmolt, dienten seiner Bewachung, deshalb muss Geffroy ihn töten, um dem Spuk ein Ende zu machen. Er verfolgt ihn also in die Höhle hinein. Ohne es noch zu erkennen, kommt er damit seiner eigenen Geschichte bzw. der seiner Mutter Melusine auf die Spur.

Der Schauplatz wird nun von einer Burganlage über einem Felsplateau am Horizont abgeschlossen. Die beiden Felsen am vorderen Bildrand versichern dem Betrachter aber, obwohl sie in jedem Bild etwas anders gestaltet sind, dass die Geschichte am selben Ort wie der zuvor gezeigte Kampf weitergeht. Im linken der beiden Felsen wird ein Einstieg bzw. *das finstere Loch* sichtbar, in das Geffroy schon halb vorgedrungen ist und mit seiner Lanze hineinsticht. Hinter dem rechten Felsen ebenfalls nur halb zu sehen, scharrt sein gesatteltes Pferd unruhig mit dem Huf. Der Holzschnitt, der einen scheinbar unwichtigen Moment der Erzählung wiedergibt, steigert dadurch zum einen die Spannung, zum anderen gelingt es ihm, den Betrachter im wörtlichen Sinn in den Berg „mitzunehmen", und ihm das weitere Geschehen unter der Erde verständlich zu machen.

¶ Wie Göffroy den rißen suchete In dem berg do er yme in entrunnen was

Wie Geffroy das Bild seines Großvaters und seiner Großmutter, gehauen in Edelstein, im Berg Awalon fand.

Da hielt er seine Lanze vor und tastete damit, bis er eine schöne Kammer fand, die in den Felsen gehauen war und nur eine einzige Tür hatte. Und da besah er die Kammer und die reiche Ausstattung, die da drinnen war, sehr schön mit Gold und Edelstein über jede Erwartung gut und meisterhaft angeordnet. Und da war in der Mitte derselben Kammer ein Hochgrab, das stand auf sechs goldenen Pfeilern, und diese Pfeiler waren aus purem, gehämmertem Gold. Und das Grab war dazu mit kostbaren Steinen üppig verziert, denn auch Edelsteine wuchsen zahlreich in diesem Berg.

Und auf dem Hochgrab war aus Calcedon die liegende Figur eines gewappneten und gekrönten Königs angebracht, und es befand sich zu Füssen dieses Königs eine gehauene Frauenfigur. Die trug eine Tafel in den Händen, worauf geschrieben steht: ‚Dies ist König Helmas, mein liebster Gemahl, der hier begraben liegt!'

Wieder schiebt sich der Holzschnitt mit seinem Titel mitten in den Erzählfluss hinein, zwischen die beiden zitierten Abschnitte. Er zeigt einen über zwei Säulen gewölbten Saal, in den Geffroy, ganz rechts im Bild, von der dem Betrachter gegenüber liegenden Rückseite eingetreten ist. Nichts erinnert an eine Höhle, durch deren Dunkel sich Geoffroy den Weg zum lichten Saal suchen musste; das Tor führt direkt ins Freie unter den vom Maler mit feinen Pinselstrichen angedeuteten Himmel. Nach vorne hin schließen seitliche Bogenzwickel den Raum bzw. das Bild ab. Für den Betrachter wird der Zugang durch ein Tischgrab versperrt, das in spannender Verschränkung von Bildfläche und räumlicher Verkürzung die ganze Breite des Bildes einnimmt. Die steinerne Grabplatte *aus Calcedon*, einem symbolisch bedeutsamen Edelstein, zeigt das Relief der Liegefigur eines Ritters, des Königs Helmas. Statt der Skulptur einer Frau zu Füßen des Grabmals, die auf einer Inschriftentafel die Geschichte des Toten sowie ihre eigene und die ihrer beider Töchter erzählt, wie es dem Text entspräche und wie es in anderen Ausgaben auch wiedergegeben wird, stehen der König oder nur seine Gemahlin, Presine, als lebensgroße Freifiguren hinter dem Grabmal. Der Bildtitel scheint für diese verwirrende Abbildung gesorgt zu haben.

¶ Wie Göffroy sines großuatters vnd groß mutter bilde in edelem
gestein gehouwen fant in dem berg / awelon

Wie Geffroy den Riesen tötete und die Gefangenen aus dem Berg Awalon befreite.

… und er zog sein Schwert und führte einen so heftigen Hieb und stach auf den Riesen, dass er ihn durch seinen Harnisch durch und durch stach und er bei diesem Stich auf die Erde nieder fiel.

Und er liess einen so feindseligen Schrei, dass der Turm davon erbebte und erschüttert wurde, und er war damit schnell tot.

Endlich spürt Geffroy den Riesen auf und tötet ihn. Auf den Irrwegen durch den Berg, dessen Name *Awalon* auch die auf der Grabtafel des Königs Helmas erzählte Geschichte in den entsprechenden Sagenkreis einordnen lässt, findet er zu einem Kerker voll von Landsleuten aus Norhombeland und befreit sie. Im Holzschnitt, der wieder mitten in die Erzählung um den Tod des Riesen eingefügt ist, wird diese Nebenszene gleichsam stellvertretend für die Befreiung des ganzen Landes von diesem Fluch dargestellt. Schließlich erfüllt sich in Geffroy die Vorsehung Presines, der Gemahlin des im Berg verschlossenen Königs Helmas, dass niemand in den Berg eindringen und damit den Riesen bezwingen könne, wer nicht aus ihrem oder ihrer Töchter Geschlecht abstamme. Für den Leser werden die Zusammenhänge klar, für Geffroy eröffnet sich eine Ahnung über seine Herkunft.

Mitten im Bild steckt Geoffroy einen langen Schlüssel ins Schloss, um die Tür zum Gefängnis aufzusperren und sie mit seiner übergroß wiedergegebenen Hand aufzustoßen. Es ist halb als natürlicher Fels, halb als Turm mit vergittertem Fenster dargestellt. Hinter den obligaten Felsen im Vordergrund wird Geoffroy, die Lanze über der Schulter, eindringlich als der Retter herausgestellt. Vergleichbare Bildmuster stammen aus dem christlichen Kontext, gehört die Sorge um Gefangene doch zu den Werken der Barmherzigkeit; insbesondere die Befreiung des Hl. Petrus aus dem Gefängnis kommt dem Betrachter hier in Erinnerung.

¶ Wie Götfroy den rißen erdötte vnd die gefangen erlöste vß
Dem berge awelon

Wie Geffroy und die Gefangenen, die befreit wurden, den Riesen auf einem Karren aus dem Berg führten.

Die Herren und Gefangenen beschafften sogleich einen Karren, der sehr tragkräftig war, und machten ihn bereit und legten das gewaltige Monstrum darauf und banden es aufrecht sitzend fest, als ob er noch lebte, und führten es so durch das Land überall hin. Das ganze Volk konnte sich nicht genug wundern über das grosse, gewaltige Ungeheuer, und manche lobten Gott und dankten ihm für seine Gnade der segenbringenden Ankunft Geffroys, des edlen Ritters.

Die Rückkehr des siegreichen Helden wird zum Triumphzug. Die aus der Gewalt des Riesen Befreiten ziehen das besiegte *Monstrum* nicht auf einem Triumphwagen, sondern auf dem Schandkarren durch das Reich, das es so lange in Angst und Schrecken versetzt hatte.

Die Szene spielt immer noch hinter den bekannten Felsen. Ganz deutlich erkennt man nun aber, dass nur wenige gerade Linien die Gesteinsformation im Holzschnitt andeuten und die äußere Form keine differenzierte Kontur mehr aufweist. Nur die Farbgebung, und das nur in diesem Exemplar, rettet noch eine gewisse Differenzierung. Die Größe des Riesen ist im Verhältnis zu Geffroy nicht sehr beeindruckend, und die ungelöste Schwierigkeit, die Beine der Begleiter im räumlichen Verhältnis zum Karren zu zeigen, wird nicht, wie an anderen Stellen, zu kaschieren versucht. Es ist nicht nur von einem Formschneider auszugehen, der die zeichnerische Vorlage in den Holzstock übertrug, sondern von mehreren, und dieser hier gehörte nicht zu den Meistern seines Fachs.

Wie sehr die Farbgebung den Eindruck doch noch rettet, zeigt der Vergleich mit der durchweg eintönigen und grobschlächtigen Kolorierung des Exemplars in Washington (Abb. 42).

Abb. 42 Der besiegte Riese, Basel: Bernhard Richel 1473/74; Washington Library of Congress, Lessing J. Rosenwald Collection, Incun. X.C82

fol. 75v

¶ Wie Göffroy vnd die gefangenen So erlöst würdent den risen vff einem karck / vß dem berg fůrtent

Wie Geffroy seinen Verwandten im Forst in den Tod jagte und sich an ihm rächte, weil er Geffroys Vater gegen Melusine aufgehetzt hatte.

‚Du schändlicher Bösewicht, du wirst hier dein Leben lassen, denn ich habe durch dich meine Mutter Melusine verloren.' Und so wusste und erinnerte sich der Graf vom Forst genau, was er getan hatte, und befürchtete sehr, dass ihn Geffroy mit dem Leben nicht davon kommen lasse, und er ergriff die Flucht in den Turm, der offen stand und floh treppaufwärts.

Geffroy eilte ihm sehr schnell nach, und es flohen die des Grafen vom Forst Diener alle und keiner von ihnen getraute sich den Anschein zu geben, als ob er sich etwa Geffroy entgegenstellen wollte, denn er war ein sehr zorniger Mann, dabei stark, auch wie ein Löwe schrecklich. Jetzt hatte Geffroy den Grafen beinahe eingeholt, und so wollte der Graf zu einem Fenster hinaus auf ein Dach springen und er fehlte und fiel hinunter auf den Felsen zu Tod.

Der Kampf mit dem Riesen führte Geffroy auf die Spur seiner Herkunft. Wieder zurück in seines Vaters Reich erfährt er das grausame Schicksal seiner Mutter Melusine. Reymond wiederum erkennt erst aus dem Bericht seines Sohnes, aus welchem Geschlecht seine Gemahlin als Tochter des Königs Helmas stammte, und welcher Fluch auf ihr lastete. Nach und nach wird auch die Frage der Schuld gestellt. Geffroy bereut seine Brandstiftung am Kloster Maillezais, schwört aber zugleich Rache an seinem Onkel, dem Grafen vom Forst, der zuerst das Misstrauen gegenüber Melusine im Vater geweckt und damit in seinen Augen die Katastrophe verursacht hat.

Wieder schiebt sich der Holzschnitt mitten in die entsprechende Erzählung hinein und zeigt das Ende des Grafen vom Forst just am Höhepunkt – bevor der Text nachfolgt und die Auflösung liefert. Der Leser folgt dem Grafen treppaufwärts in den Turm, sieht ihn im Bild dann schon stürzen, blättert um und erfährt jetzt erst, wie es zu diesem Ende gekommen ist. Außer, dass kein Fenster gezeigt ist, sondern der Graf von der Mauer stürzt, ist alles stimmig im Bild wiedergegeben: vor allem das Dach unterhalb der Mauer, auf das er sich gefahrlos hätte retten können, das er aber verfehlt und damit tragisch zu Tode kommt. Die Parallelen zum Wegflug Melusines, für den Geffroy den Grafen ja letztlich verantwortlich macht, sind offensichtlich, nur eben mit umgekehrten Vorzeichen. Hier der Absturz, dort der Wegflug, hier die zufrieden über die Mauer guckenden Verfolger, dort die tiefe Trauer um den Abschied.

¶ Wie göffroy sinen vetteren im wrst zů tode sprenget vnd sich an im
rach darumb dz er göffroys vatter vff gewisset hatte wider
melußmen

Wie Reymond Geffroy seiner Huld versicherte und Reymond aus dem Land weg ging.

Reymond bereitete da alles, das ihm für seine Reise notwendig war, vor ...
Als sie eine Tagreise mit ihm geritten waren und in einer Herberge die Nacht
zusammen verbracht hatten, als sie am nächsten Morgen mit Reymond aufs Feld
gekommen waren, da nahmen sie Abschied und küssten ihren Vater und trennten sich
von einander mit Schmerz und mit innigen Tränen, ebenso die andern alle, die bei
ihnen waren. Reymond zog gegen Rom und Geffroy und sein Bruder wieder
nach Lusignan.

Mit der Versöhnung zwischen Vater und Sohn, die beide Schuld tragen am Unglück Melusines und am Tod unschuldiger Menschen und der eigenen Brüder, kommt die Geffroy-Erzählung zum Ende; zugleich löst sich das Rätsel um Melusine, und die Schicksalhaftigkeit der Helden- ebenso wie der Missetaten Geffroys wird offenbar. Und es erfüllt sich die Vorhersage Melusines, dass der jüngste Sohn Dietrich das Erbe fortführt. Damit wird zugleich die aktuelle Gegenwart der Erzählung berührt und ihre Wahrheit bestätigt, dauert doch die Herrschaft der Parthenay, wie die Leser wissen, zum Zeitpunkt der Niederschrift der Geschichte ungebrochen an.

Eine Vergebung der Schuld kann nur durch die Kirche gewährt werden, und so begibt sich Reymond auf Pilgerfahrt nach Rom. Die Söhne begleiten ihn, wie es üblich ist, eine Tagesreise weit und nehmen dann Abschied. Geffroy nähert sich ehrerbietig dem Vater, der ihn mit offenen Armen aufnimmt, ihn an der Schulter fasst und ihm die Hand reicht. Beide sind gerüstet. Immer noch ist Reymond, der schon seit vielen Seiten nicht mehr im Bild war, an seinem Federhut erkennbar; die Zeit hat keinerlei Spuren des Alterns hinterlassen. Dietrich, in modischer, zickzack geschnürter Schecke und mit flachem Hut, beobachtet die Abschiedszeremonie, die sich in der Ebene vor einer Stadtmauer abspielt. Hinter dem obligatorischen Felsen wartet, halb verdeckt, ein Pferd auf den Aufbruch.

¶ Wie Reymond goffroy begnadete vnd reymond von land schiet

Wie Geffroy das Kloster Maillezais wieder aufbaute und sehr viele Werkleute hatte, damit das schnell gemacht würde.

Geffroy begann zu bedenken und sich zu besinnen auf Manches, was er da begangen und schlecht getan hatte und was ihm sein Herr und Vater befohlen hatte, besonders hinsichtlich des Klosters und der Kirche zu Maillezais, diese wieder schön in Stand zu setzen, wie es früher war. Und er begann und stellte Werkleute von überall her an, die er benötigte, und er bezahlte auch Material und anderes ... Und er hatte so viel Werkzeug und Werkleute, dass er in einem einzigen Sommer das Kloster wieder aufbaute, und besser, mächtiger und schöner, als es zuvor gewesen war. Und deshalb entstand eine allgemeine Rede im Land, indem man sagte: ‚Wer ist der fromme Mann, der das Kloster so schnell gebaut hat?' Und sie sagten: ‚Es ist Geffroy, der will Mönch werden. Der Wolf ist zum Hirten geworden.'

Der Holzschnitt leitet diesmal ein ganz neues Kapitel ein. Das vorhergehende endet auf der gegenüberliegenden Seite schon nach sechs Textzeilen, der Rest der Seite bleibt leer und weist damit zusätzlich auf den Beginn von etwas Neuem hin. Zwar weiß der Leser bereits, dass Reymond von Geffroy den Wiederaufbau des mutwillig niedergebrannten Klosters verlangte, nun zeigt das Bild bereits die Umsetzung des Sühneversprechens in die Tat, von der erst nach dem Umblättern auch zu lesen sein wird.

Für Darstellungen von Arbeiten an Kirchen- und Klosterbauten gibt es eine lange Tradition. Sie vermitteln einen lebendigen Eindruck vom mittelalterlichen Baubetrieb. Umso erstaunlicher ist, dass der Holzschnitt zwar Werkzeuge und Abläufe zeigt, aber ohne Bezug zu den Gebäuden oder Bauarbeiten. Alles scheint bereits vollendet, das Dach, an dem einer mit der Kelle hantiert, ist gedeckt, nirgends braucht es Mörtel, der gerade gemischt wird, noch fehlt wo ein Werkstein, wie er mit der Kralle hochgezogen wird. Unstimmige räumliche Bezüge kennzeichnen ja die Holzschnittfolge insgesamt; wenn die Leiter, auf der ein Handlanger den Mörtel nach oben schleppt, aber über ein niedriges Mäuerchen bis zum fertigen Kirchendach führt, fällt die formale und die inhaltliche Diskrepanz doch besonders ins Auge.

Die Intention der Darstellung ist folglich eine andere als die der genannten Bilder vom Baubetrieb: Gezeigt wird sowohl das emsige Werken, aber auch die Pracht der rasch fertiggestellten Anlage – über die sich Stifter und Abt denn auch ganz vorne im Bild wohlgefällig unterhalten.

¶ Wie göffroy das closter maliers wider buwete vnd gar vil werck
lütte hätte dar vmb das es schnelle gemacht würde

Wie Reymond dem Papst Leo beichtete und eine Busse für seine Untaten, die er begangen hatte, erhielt.

Reymond war inzwischen nach Rom gelangt und hatte dem heiligen Vater, dem Papst, seine Beichte mit Andacht abgelegt. Dieser Papst hiess Leo, und der gab Reymond eine Busse, der er sich willig unterzog. Da fragte ihn der Papst, was für eine Absicht er nunmehr habe und was er tun wolle. Reymond antwortete und sagte: ‚Ich habe die Absicht, jetzt irgendwo mein Leben zu schliessen und mich ganz aus der Welt zurück zu ziehen; vor allem habe ich nicht den Willen, in mein Land, das ich von Melusine habe, zu bleiben und dorthin zurück zu kehren. … Bei unserer lieben Frau in Montserrat in Aragon, da will ich hin.

Da gibt es einen schönen Gottesdienst und einen Ort, gut gelegen, um Gott zu dienen.'

Obwohl die Textseite noch ausreichend Platz geboten hätte, wird der letzte Satz der Rede Reymonds vor dem Papst erst auf die Seite nach dem Holzschnitt gesetzt. Hier scheint weniger eine dramatische Steigerung durch die Wechselwirkung von Text und Bild Ursache für diese Disposition zu sein, vielmehr mag sich daraus ein Hinweis auf die leider noch immer unbekannte handschriftliche oder gedruckte Vorlage für den Drucker dieser Ausgabe ergeben.

Die Dramatik der Bilderfolge ebbt im selben Maß ab, wie sich die Geschichte um Melusine allmählich klärt. Wird eingangs sowohl im Text als auch in entsprechenden Bildern die Einbettung der Personen, insbesondere der Fee, und ihres Tuns und Handelns, vor allem der Eheschließungen, in den rechten christlichen Glauben und den Schoß der Kirche betont, endet die Geschichte mit der Vergebung der Schuld, die Reymond und Geffroy auf sich geladen haben, durch den Papst. Dass die höchste kirchliche Instanz bemüht wird, unterstreicht den Rang des Geschlechts der Lusignan und die Bedeutung des dynastischen Aspekts in der Melusinenerzählung. Die damit verbundene Romfahrt bekräftigt aber auch die religiöse Tiefe, die ernsthafte Reue und Bußfertigkeit als Voraussetzung für die Absolution. Reymond wird dann als Einsiedler beim Kloster Montserrat sein Leben beschließen.

¶ Wie reymond bichete dem bobest leo vnd buß entpfing vber sine missetat die er begangen hatt

Wie Geffroy ebenfalls bei dem erwähnten Papst beichtet; der berichtet ihm darauf, dass sein Vater bei Unserer Lieben Frau in Montserrat in Aragonien sein Leben beschliessen wollte.

Und als er so nach Rom gekommen war und alle seine Sünden gebeichtet hatte, da sagte ihm der heilige Vater, der Papst, dass sein Vater Reymond auch da gewesen war und am Montserrat ein frommer Einsiedler und nicht leicht weg zu bringen wäre. Auch setzte der Papst Geffroy eine harte Busse, nämlich dass er fortan darauf bedacht sein musste, dass das Kloster wieder errichtet würde und hundert und zwanzig Mönche darin lebten.

Nach dem Vater begibt sich auch der Sohn auf Pilgerfahrt, um die Absolution für seine aus dem Zorn heraus geborenen schicksalhaften Untaten zu erreichen und um dem Vater nachzuspüren. Der Textausschnitt stammt aus der langen Erzählung vor dem Holzschnitt. Für die bildliche Darstellung der Beichte vor dem Papst wird die Komposition gegenüber dem vorhergehenden Bild leicht variiert. Der Innenraum, in den der Betrachter wie durch einen Bogen hineinblickt – die Rahmenzwickel erzeugen wie schon so oft diesen Eindruck – ist ein anderer. Details wie die Balkendecke und die Zahl der Fenster, vor allem aber die Möbel variieren: ein Altar kennzeichnete den Ort der Buße Reymonds als Kapelle, während Geffroy in einem Audienzzimmer mit langer Sitzbank empfangen wird. Die Gesten verraten darüber hinaus, dass jeweils ein anderer Moment dargestellt ist. Reymond wird vom thronenden Papst nach der Beichte und Absolution gesegnet, Geffroy dagegen kniet mit betend zusammengelegten Händen vor ihm, der wie in väterlicher Zuwendung mit ihm spricht. Der Nachfolger Petri trägt beide Male die Tiara mit den drei Kronreifen und das Pluviale, den Chormantel, über der Albe, einem weißen Kleid; im ersten Bild dazu einen Stab. Er wird hier als Leo tituliert, wobei der letzte Papst dieses Namens, bezogen auf den Zeitpunkt der Textfassung der Melusinengeschichte, nämlich Leo IX., Mitte des 11. Jahrhunderts residierte. Vermutlich wird eher auf Gregor IX. verwiesen, der den historischen Gottfried von Lusignan nach der Brandschatzung des Klosters Maillezais tatsächlich mit dem Kirchenbann belegt und ihm 1232 die Absolution erteilt hatte.

Die deutlich voluminösere Darstellung des Geistlichen und vor allem die unstimmige räumliche Position des knienden Sünders Geffroy im Verhältnis zum thronenden Geistlichen sprechen dafür, dass beide Holzschnitte von unterschiedlichen Reißern nach unterschiedlichen Vorlagen geschnitten wurden. Der Maler, der sicherlich auch nicht alleine gearbeitet und alle Kolorierungen mit eigener Hand vorgenommen hat, sondern die Hilfe von Mitarbeitern beanspruchte, hat durch klugen Wechsel der Farben bzw. die gleiche rote Farbe des päpstlichen Pluviales wieder zur Klärung der Bildkomposition und der Bilderzählung beigetragen. In den Fenstern des Audienzsaales zeigt er unter dem blauen Himmel sogar grüne Hügel an!

¶ Wie Götfroy auch dem benampten bobest bichtet der feite yme das sin vatter ist zü vnser lieben frouwen zü monserat in Artagon sin leben schliffen wolt /

Wie das Kloster neu erbaut war und es Geffroy reich beschenkte und sein Bruder Dietrich bei ihm war.

Geffroy erbaute da das Kloster Maillezais wieder neu, so dass es aufwendiger und besser gebaut war, auch prächtiger, als es früher gewesen war, und er richtete Plätze für 120 Mönche ein und beschenkte es reichlich. Reymond wurde sehr alt, bevor er starb. Als er an sein Ende gekommen war, da kam Geffroy dorthin und bestattete ihn ehrenvoll und beschenkte das Gotteshaus so ehrenhaft, dass es sich an Einkünften von Renten und Zinsen sehr viel besser stellte.

Nach diesem erneuten Bericht über den Wiederaufbau des Klosters, den er schon dem Vater als Sühneleistung versprochen hatte und den nun auch der Papst von ihm verlangte, folgt der Holzschnitt, der wie der Titel den jüngsten Bruder Dietrich wieder ins Spiel bringt. Das folgende Kapitel beginnt denn auch damit, ihn als den Erben des Grafen vom Forst, der vor der Rache Geffroys in den Tod stürzte, vorzustellen und das Schicksal aller Söhne Melusines noch einmal in aller Kürze zusammenzufassen. Damit endet die Geffroy-Erzählung; es beginnt ein neuer, letzter Teil der Melusinengeschichte.

Dreimal zeigt die Bildergeschichte eine Episode, die Geffroy mit dem Kloster Maillezais in Verbindung bringt. Nach der Brandschatzung folgt der wunderbar rasche Wiederaufbau, der hier noch einmal ins Bild gesetzt wird. Ohne die Bauleute, die im letzten Bild noch Hand angelegt hatten, zeigt sich die vielteilige Anlage der Kirchen- und Klostergebäude in reicher Pracht, sogar ein Kamin raucht! Vor der Klostermauer, ganz vorne im Bild, diskutieren die beiden Brüder Geffroy und Dietrich. Es geht um die Einsetzung Dietrichs in die Herrschaft, wie es der Text bereits vor der Romfahrt Geffroys erzählt hatte. Diese nicht immer glücklichen Doppelungen im Text wurden in Drucken, die wenig später auf die Richel-Ausgabe folgen, in einer differenzierten Gestaltung der Holzschnitte ansatzweise korrigiert. Dietrich hält mit der Schriftrolle die Legitimation als der neue Herr über das Land in der Hand, dagegen weist eine Gebetskette in der Hand Geffroys auf seine Buße und Umkehr hin.

Wie das Closter nuwe gebuwen ist vnd es Goffroy rilich begobete vnd sin bruder dietherich by ym was

Wie Gis, der König von Armenien, es wagte, beim Sperber auf dem Sperberschloss in Gross-Armenien zu wachen.

Nun war, als ihr hier früher gehört habt, im Königreich Armenien ein Schloss, das war beherrscht durch das Gespenst von Awalon, wie ihr es auch gehört habt. Darin befand sich ein fremdartiges Abenteuer mit einem Sperber. Und wer dieses Abenteuer siegreich bestehen wollte, der musste beim Sperber drei Tage und drei Nächte wachen ohne jeden Schlaf und dazu musste er von hoher Abstammung sein und aus dem Stamm und Geschlecht Lusignan. Und wollte er also den Preis gewinnen, der konnte als Preis fordern, was ihm genehm war, ausgenommen die Jungfrau Melior, die den Sperber hütete: die darf er in keinem Fall fordern. Aber was er sonst forderte, das erhielt er.

Im Lauf des Kampfes gegen den Riesen Grymmolt war Geffroy auf das Grab seiner Ahnen gestoßen, an dem eine Inschrift über die Geschichte des Königs Helmas, der Königin Presine und ihrer drei Töchter berichtete. Wie später Melusine, war auch die Verbindung des Königspaars mit einem Tabu belegt, das Helmas gebrochen hatte. Er wurde daraufhin verlassen und später von den Töchtern im Berg eingeschlossen und von Riesen bewacht. Voll Trauer belegte Presine ihre Töchter mit einem Fluch: den Melusines kennt der Leser bereits, jetzt wird über Melior, die mittlere der drei Schwestern berichtet.

Bevor der Leser auf die Seite mit dem Holzschnitt umblättert, erfährt er bereits die entscheidenden Gefahren des Abenteuers. Das erste der drei Bilder zur Sperberepisode zeigt ihm dagegen die Begegnung des Ritters mit der Jungfrau in höfisch-eleganter Attitüde, die keinen Hinweis auf späteres Unheil enthält. Im ummauerten Burghof, der von vier mächtigen Rundtürmen bewehrt ist, begegnet sich das königlich gekrönte Paar, Melior und Gis, der König von Armenien, Sohn von Gyot, dem dritten Sohn der Melusine. Während Melior mit sprechenden Gesten auf Gis einredet, füttert dieser den Sperber, der von einer Stange herunter mit dem Schnabel an der dargebotenen Tüte pickt. Dreimal, an drei Tagen muss er dies tun, bis ihn endlich die Jungfrau empfängt – das Bild greift der Erzählung des Handlungsablaufs demnach vor.

Immer gleiche Parallelschraffuren lassen vermuten, dass ein wenig geübter Reißer am Werk gewesen ist. Die geschickte Verschiebung zwischen den vier Türmen und den vier Ecken des Burghofs, durch die an der vorderen Ecke, ohne Turm, Platz für die beiden Figuren geschaffen wird, passt aber durchaus zu den kreativen Lösungen räumlicher Schwierigkeiten, die auch bisher die Holzschnitte auszeichnete.

¶ Wie gis der künig / von armenie vnderstund dem sperwer zu
wachen vff dem sperwer schlos in der grossen armenie.

Wie der törichte König hinter der Jungfrau her rannte und sie packen und mit Gewalt halten wollte und wie er deswegen hart geschlagen wurde.

Der König dankte ihr sehr und handelte wie ein junger Mann, der an seiner schönen Jungfrau grossen Gefallen hat, und antwortete ihr und sagte: ‚Ich will keinen anderen Preis als euren stolzen Leib.' Als dies die Jungfrau hörte, wurde sie davon erbost und sagte: ‚Ihr lüsterner Mann, ihr werdet einen anderen Preis fordern, denn mich werdet und könnt ihr nicht haben … Ihr sollt wahrhaft wissen, dass ich weder euch noch irgend einem andern Mann gehören kann noch darf als Preis, und lasst ganz davon. Denn wenn ihr davon nicht lasst und mich weiterhin länger fordert, so wird über euch grosses Leid und Unglück kommen. Euer Königreich, das ihr jetzt habt, das wird völlig untergehen und euch und euren Erben entgleiten, dass keiner eurer Erben darüber je erfreut werden kann.'

Die Probe ist bestanden, Gis, der König von Armenien, kann frei seinen Preis wählen. Doch was tut er? Er fordert das einzige, was ihm verboten ist, nämlich die Jungfrau selbst. Dummheit und Lüsternheit, also wieder Laster bzw. Todsünde, verleiten ihn dazu, die Spielregeln zu missachten. Obwohl Melior ihn unablässig warnt, bleibt er bei seiner Wahl und bedrängt die Jungfrau, *hoffte, sie zu fassen und meinte, sie für immer in Besitz zu nehmen.* Sein Schicksal ist damit besiegelt. Er wird alles verlieren, wie dies auch seinen Vorfahren widerfahren ist, die wie er ein Tabu gebrochen, ein Verbot übertreten haben. Melior erzählt ihm ausführlich davon.

Der Holzschnitt ist mitten in die mit vielen Wiederholungen und Steigerungen geschilderte Auseinandersetzung zwischen Gis und Melior eingeschoben. Während der Titel das Ende bereits vorwegnimmt, die Bestrafung des törichten Helden, stellt das Bild das im Text so eindringlich geschilderte Verlangen des jungen Mannes in den Mittelpunkt. Er packt die Jungfrau an den Schultern, während sie davoneilt und sich zugleich zurückwendet, um ihn von seinem Vorhaben abzubringen. Der Schauplatz ist wieder der Burghof, wenngleich von einer anderen Perspektive aus gesehen. Architektonische Details sind verändert, die Szenerie ist insgesamt reicher gestaltet. Die Bedrängnis der Jungfrau wird unterstrichen durch einen Turm am Bildrand, der ihr die Flucht versperrt. Auch öffnet keine Tür in der Burgmauer mehr einen Ausweg, wie sie im vorigen Bild noch dargestellt war. Bedrohlich sitzt der Sperber dem Jüngling buchstäblich im Nacken.

¶ Wie der tor der künig noch der iungfrouwē yltē vn̄ sy wolt begriffen vnd mit gewalt behaben vn̄ er so hört dar vmb geslagen wart

Wie das Gespenst hier den König sehr hart schlägt, weil er keinen anderen Preis als die Jungfrau verlangte, als er beim Sperber gewacht hatte.

Als nun der König diese grosse Dummheit so begangen hatte, da kam ein Gespenst, das er nicht sehen konnte, und schlug ihn so hart und so rücksichtslos fest, dass er auf der Stelle zu Boden stürzte und dass er so jämmerlich laut zu schreien anfing. Das Gespenst hörte aber deswegen nicht auf und schlug ihn weiter und weiter und so schrie er erbärmlich, laut, überlaut. Und der König sagte:

‚Ach, ach, was wirfst du mir denn vor? Wenn du nicht mit diesen harten Hieben Schluss machen und aufhören willst, so werde ich hier an dieser Stelle ohne jede Gegenwehr umkommen und mein junges Leben verlieren. Ach, ihr müsst mir Gnade und Erbarmen zeigen, oder ich sterbe auf der Stelle so unrühmlich und wehrlos.' Da warf ihn das Gespenst sehr schnell und unwirsch aus dem Schloss.

Mitten im Satz wird der Text durch den ganzseitigen Holzschnitt unterbrochen, obwohl dadurch über die Hälfte der Seite frei bleibt. Diese ungeschickte Einteilung der Textmenge lässt erneut darauf schließen, dass eine Vorlage erst an das Format angepasst werden musste, was nicht immer gut gelang. Der Holschnitt zeigt genau die Szene, die der Text an dieser Stelle erzählt, und nimmt zugleich den Ausgang vorweg: Der König von Armenien, Gis, liegt bereits außerhalb der Burgmauer, von Hieben niedergestreckt, die wie Blitze von dem Gespenst ausgehen. Das Gespenst ist als Halbfigur mit grinsender Fratze dargestellt, die wie alle im Buch – in ganz unterschiedlichen Zusammenhängen – dargestellten Halbfiguren von einem Flammenkranz umgeben ist; hier zeigen sie weniger Feuer an, als vielmehr das Schweben in der Luft und die gespenstische, geisterhafte Erscheinung. Von seiner Höhe herab schleudert das Gespenst mit der einen Hand zwei Pfeile auf den schon am Boden liegenden Jüngling, in der anderen führt es eine Rute. Begleitet vom Sperber, zeigt Melior über die sie nun schützende Mauer auf die Bestrafung ihres ebenso dummen wie lüsternen, sündigen Peinigers. Es entsteht der Eindruck, als fände die Bestrafung auf ihr Geheiß hin statt.

Endlich hat ihr Kleid die grüne Farbe, die im Text schon vor dem ersten Bild dieser Episode ausdrücklich genannt ist. Mit dem Felsen im Bildvordergrund wird ein Element der Komposition wieder aufgegriffen, das so oft schon als Gestaltungsmittel beschrieben worden ist.

¶ Wie das gespengste hie den künig sere übel slecht darumb das er kein ander gote begert do er dem sperwer gewachet hatt / Denn die iungfrouwen

Wie Palantine, die Jungfrau, den Schatz ihres Vaters auf dem hohen Berg in Aragon, wo viele Drachen und schreckliche Tiere sind, hütet.

Jetzt werde ich die Geschichte des Schlosses mit dem Sperber nicht weiter schreiben und es dabei belassen, denn es gäbe noch vieles zu schreiben. Aber ich werde fortan noch von Palastine, der dritten Tochter, die auch des erwähnten Königs Helmas Tochter und der erwähnten Melusine und der Melior Schwester gewesen ist, sprechen.

Nun werde ich weiter berichten von Palestine, der schönen Jungfrau, die auf dem Mont Canigou, gelegen auf dem höchsten Berg in Aragon, eingeschlossen war.

Der Erzähler leitet vom Ende der Melior-Episode über zu einer neuen Geschichte, die der ältesten Schwester der Melusine mit Namen Palestine, auch Palantine oder Palastine geschrieben. Der Holzschnitt schiebt sich zwischen die beiden Textpassagen und markiert somit den Beginn von etwas Neuem.

Der Leser kennt die Schicksale der Schwestern schon aus mehreren vorherigen Berichten; gleichsam offiziell berichtete Presine in ihrer Steintafel beim Grab des Königs Helmas, ihres Gemahls, davon. Palestine ist verflucht, den Schatz des Vaters zu hüten, bis einer aus dem Stamm des Königs Helmas ihn erringen kann. Der muss dazu die wilden Tiere bezwingen, die am Berg Canigou wachen. Wie schon Melior, wie auch Presine und letztlich auch Melusine, die aber in ihren Söhnen neue Hoffnung geboren hat, kann auch Palestine nicht vom Fluch der Mutter erlöst werden. Der überaus tapfere Held, der jetzt gleich die Hauptrolle spielen wird, ist einer von Artus' Runde und steht in dynastischer Beziehung zu Melusines Nachkommenschaft, stammt aber eben nicht direkt von König Helmas ab und muss am Ende schicksalhaft scheitern.

Der Einleitungsholzschnitt zu dieser Episode zeigt keine Höhle und wilde Natur voller giftiger Bestien, wie es dem Leser geschildert wird, sondern eine Burg im Schutz von sphingenartig vor der Mauer postierten Drachen. Von einem dritten Untier ist gerade noch das aufgerissene Maul am Bildrand angeschnitten, das vielleicht in einer Vorlage in anderem Format noch größer zu sehen war. Die Jungfrau ist wieder in einem Burghof eingeschlossen, wie wir dies schon aus den Darstellungen der Melior-Erzählung kennen. Sie blickt mit den wachenden Ungeheuern, den Blick starr geradeaus gerichtet, nach rechts aus dem Bild hinaus in die Ferne in Erwartung des Helden.

¶ Wie palantine die Jungfrouwe ires vatters schatz hůt / uff dem ho
hen berge i arragon do sol bes gar vil wurme vn freyslicher tier sint

Wie ein Ritter, aus England gebürtig, dieses Abenteuer wagte, und wie der mit dem Bären und noch mit viel grösseren Tieren rittermässig kämpfte und sehr viele von ihnen tötete.

So ging er sehr schnell den Berg weiter hinauf, und es kam da ein grosser, ungeheurer Bär, der fiel ihn an und zerrte ihm seinen Schild vom Hals, und sein Harnisch begann vielfach zu reissen. Der Ritter schlug den Bären aufs Maul, so dass er es ihm völlig verstümmelte.

Der Bär wurde wütend und schlug bösartig gegen den Ritter. Der Ritter sprang von ihm zurück und schlug ihm mit seinem Schwert die Tatze ab. Der Bär stellte sich auf seine Hinterfüsse und führte gegen den Ritter einen so starken Schlag, dass er ihm seinen Harnisch stark zerfetzte. Und sie beide fielen bergabwärts, der Ritter verlor sein Schwert und erinnerte sich an seinen Degen, der stählern und gut war, und zückte den und stach den Bären damit zu Tode.

Der dramatischen Schilderung des Bärenkampfes setzt die Bildsprache des Holzschnittes wie immer eine in der Komposition ausgewogene, eher repräsentativ-statische als dynamisch erzählende Darstellung entgegen, die auf den Reichtum der Ausschmückung verzichtet. Sie hält einen Moment der Handlung fest, der überaus klug gewählt ist: Der Ritter scheint gut geschützt hinter dem weit vorgehaltenen Schild, setzt zum Stich an und trifft offenbar die Pranken des Bären, die den Stahl aber nicht abhalten, der geradewegs in zielgerichteter Horizontale droht, seinen Leib zu durchbohren. Der Betrachter erkennt damit indirekt das Abschlagen der Tatze, was explizit schwer darstellbar ist, und auch den siegreichen Ausgang des Bärenkampfes. Freilich wartet hinter den Felsen um Haupteslänge höher aufragend bereits das nächste Ungeheuer, ein feuerspeiender Drache.

Die bekannten Felsen am vorderen Bildrand distanzieren den Betrachter von der gefährlichen Handlung, erlauben ihm aber zugleich den Blick wie auf eine Bühne. Die Unterbrechung des Textes durch das Bild bedeutet keine Verzögerung des Ablaufs, sondern die Pointierung auf den Höhepunkt zu, an dem der Betrachter Anteil haben darf, wenn er noch gar nicht alles gelesen hat, was der Erzähler ihm detailreich ausschmückt. Die Farbgebung verleiht dem Holzschnitt eine Dramatisierung, wie sie in keinem anderen Exemplar erreicht wird. Allein das Stahlblau und Gold der Rüstung setzt den Ritter gegenüber den schwachen Rot-, Gelb- und Brauntönen sowie dem Grün der Landschaft ins Zentrum der Aufmerksamkeit.

¶ Wie ein ritter vß engellant geborn diß ouenture vnderstund vñ der mit / dem beren vnd noch mit vil grossern tiern so ritterlichen streit / vnd ir vast vil erdötte

Wie der Ritter aus England an das wilde, ungeheure Tier geriet und er sich sehr ritterlich hielt; doch er konnte es nicht überwinden, denn es verschluckte ihn lebendig, weil er nicht aus dem Geschlecht des Königs Helmas war.

Da kam er schließlich in die Höhle, wo das grauenerregende Tier drinnen lag, das die eiserne Tür hütete, hinter welcher der grosse Schatz mit dem Geist verborgen lag. So ging der tapfere Ritter mutig in die Höhle und suchte das grauenerregende Tier, das er sich selber zur Unzeit fand. Aber das Tier, sobald es ihn erblickte, richtete sich da auf, um ihn anzugreifen, und fiel ihn an. Der Ritter zückte rasch sein Schwert und traf das Tier mit voller Kraft. Aber es nützte ihm alles nichts, denn das Tier war durch Zauber so gefeit, dass weder Stahl noch Eisen es zerhauen noch zerstückeln konnten. Das Tier packte ihm sein Schwert mit den Zähnen und zerkaute und zerbiss es ihm in zwei Stücke, und dann öffnete das Tier seinen grossen, ungeheuren Rachen und verschluckte da den Ritter samt Harnisch und samt allem auf ein Mal.

Genau an dieser Stelle muss der Leser umblättern, obwohl auf der Seite durchaus noch Platz für weiteren Text übrig wäre. Aber wie das Ungeheuer den armen Ritter samt und sonders verschlang, das muss doch erst im Bild gezeigt werden, bevor die Geschichte zu Ende erzählt wird!

Tatsächlich wird genau dieser spektakuläre Moment dargestellt: Der Oberkörper des Ritters steckt bereits im weit geöffneten Schlund des riesigen Untiers, während die Beine in voller Rüstung noch verzweifelt strampeln. Das Schwert liegt zerbrochen am Boden, die beiden Teile künstlich um einen Stein arrangiert. Die Seiten wurden gewechselt: Der Ritter kam nun von links, der siegreiche Drache hat die ursprünglich von diesem besetzte Position rechts im Bild eingenommen. Der Drache – es ist der, der im Innersten der Höhle den Schatz bewacht –, muss auch den tapfersten Eindringling verschlingen, der die Bedingung nicht erfüllt, vom Geschlecht des Helmas oder der Töchter zu sein, wobei nur Melusine Nachkommen hat. Ganz sicher erinnert sich jeder bei dem langen, verschlungen Drachenschwanz an den Zauber der Melusine selbst.

Zahlreiche weitere Ritter rennen später noch glücklos gegen die Ungeheuer an, lässt uns der Erzähler wissen, *und es kam kein Ritter so hoch an den Berg hinauf wie er.* Der Begleiter des gescheiterten Helden, der in geschickter Überschneidung durch die Horizontlinie wie von weit hinter dem Berg die Szene vorne beobachtet, wird die Kunde ins ferne England tragen – wo über dieses Abenteuer ein Buch gemacht wurde, wie der Erzähler zu berichten weiß.

Wie der ritter võ Engellant an das wilde vngehüre tier kã vnd er vast ritterlich geworte doch mocht er es nit vber komẽ den dz es in so lebende vßluckete wan er nit võ des künig helmas geslechte was

Hier beichtet Geffroy auf dem Totenbett und lässt an sich
die christlichen Riten mit allen Sakramenten vollziehen; danach starb er.

Als Geffroy nun merkte, dass der Tod, dem sich niemand entziehen kann, sich ihm zu nähern begann, da schickte er nach dem Priester und sprach seine Beichte mit Andacht und machte da sein Testament und die Anordnung nach seinem Willen und seiner Absicht, dass man ihn im Kloster zu Maillezais, das er einst samt den Mönchen in Brand gesteckt und später wieder aufgebaut hatte, der Erde anvertrauen sollte. Da liegt der edle und der gestrenge Ritter Geffroy begraben. Und der Autor dieses Buchs hat da sein Hochgrab gesehen.

Der Tod ereilt Geffroy, den Helden des zweiten Teils der Melusinen-Erzählung, mitten im Aufbruch zum Mont Canigou, wo er erfüllen wollte, was dem Ritter aus England aus dem verschwägerten Geschlecht der Pembroke nicht vergönnt war. Der so prominent im letzten Holzschnitt gezeigte Begleiter hatte ihm davon berichtet. Mit Geffroy hätte einer aus Helmas' Stamm den Schatz finden können, der Zauber wäre gelöst, Palestine befreit und der Fluch von ihr genommen. Der Tod Geffroys macht diesen möglichen glücklichen Schluss zunichte. Der Erzähler führt stattdessen die Geschichte zu Ende, fasst noch einmal die dynastischen Verzweigungen der Lusignan zusammen, um damit den Leser der Authentizität der Geschichte zu versichern, da einer aus diesem Geschlecht ihm selber ja noch den Auftrag zum Buch gegeben habe. Gleichermaßen ruft sich der Übersetzer in Erinnerung, der den Text aus dem Französischen ins Deutsche übertragen hat.

Der Holzschnitt markiert das Ende der Erzählung und den Übergang zum Bericht über die Geschichte, der wie ein Nachwort angefügt ist. Die Komposition wiederholt vergleichbare Szenen am Brautbett Melusines oder am Totenbett des Königs von Zypern. Bildbeherrschend ist das Bett schräg in den Raum gesetzt. Trauernd stehen die aussegnenden Geistlichen sowie Dietrich, der Bruder und Erbe des ehe- und kinderlosen Geffroy dahinter. Der nackte Oberkörper des immer noch unverändert jugendlich gezeigten Geffroy – er ist der einzige Lusignan, bei dem das stigmatisierende Mal im Gesicht, sein Eberzahn, immer dargestellt ist – schaut unter der Bettdecke hervor, die Hände liegen gekreuzt darauf. Erwartungsvoll blickt er zum Diakon, der ihn mit Weihwasser besprengt, aus dem geöffnet in seiner Hand liegenden Sakramentar liest und ihm die Absolution erteilt – nachdem auch *alle seine Schulden mit barem, verfügbarem Geld beglichen wurden.*

Hye bichtet goffroy an dem dot bette vn̄ lot yme thūn cristenliche recht mit allen sacramenten domoch starb er

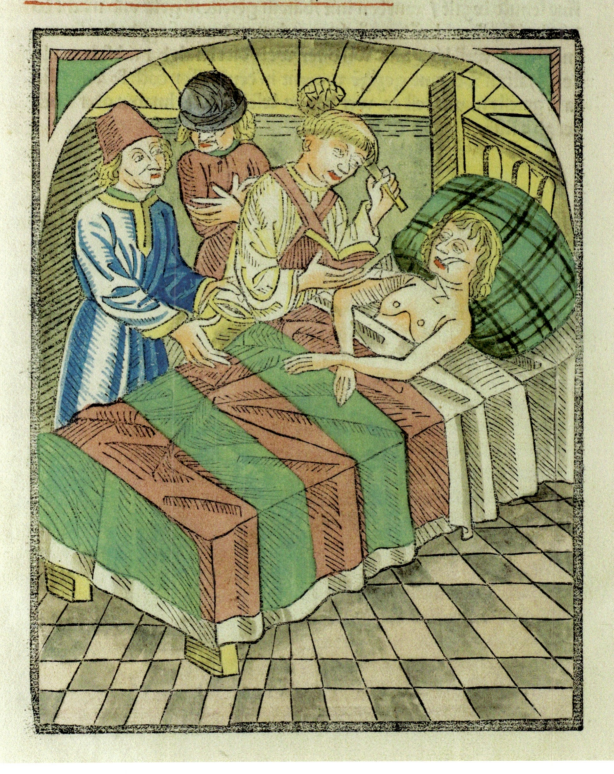

Literatur

Die Literaturhinweise beschränken sich auf die wichtigsten neueren Publikationen. Auf die Auflistung der Einzelbeiträge in den genannten Sammelbänden wurde verzichtet.

550 Jahre deutsche Melusine – Coudrette und Thüring von Ringoltingen. Beiträge der wissenschaftlichen Tagung der Universitäten Bern und Lausanne vom August 2006. 550 ans de Mélusine allemande – Coudrette et Thüring von Ringoltingen. Actes du colloque organisé par les Universités de Berne et de Lausanne en août 2006. Hg. von André Schnyder und Jean-Claude Mühletaler (Tausch. Textanalyse in Universität und Schule 16). Bern / Berlin / Frankfurt a. M. u. a. 2008.

Backes, Martina: „[…] von dem nabel hinauff ein menschlich vnd hübsch weyblichs bilde/ vnd von dem nabel hin ab ein grosser langer wurm." Zur Illustrierung deutscher Melusinehandschriften des 15. Jahrhunderts. In: Literaturwissenschaftliches Jahrbuch 37 (1996), S. 67–88.

Backes, Martina: Fremde Historien. Untersuchungen zur Überlieferungs- und Rezeptionsgeschichte französischer Erzählstoffe im deutschen Spätmittelalter. Tübingen 2004.

Beer, Ellen J., Gramaccini, Norberto u. a. (Hgg.): Berns grosse Zeit. Das 15. Jahrhundert neu entdeckt. Bern 1999.

Benzing, Josef: Die Buchdrucker des 16. und 17. Jahrhunderts im deutschen Sprachgebiet (Beiträge zum Buch- und Bibliothekswesen 12). 2., verbesserte und ergänzte Aufl. Wiesbaden 1982.

Brant, Sebastian: Narrenschiff. Ein Hausschatz zur Ergetzung und Erbauung mit den Holzschnitten der ersten Ausgaben und dem Bildniß Brands aus Reusners Icones, hg. von Karl Simrock und Nikolaus Reusner. Berlin 1872.

Butz, Monika: Studien zur Melusine-Illustration in Basel im 15. Jahrhundert: Basler Miniaturenzyklus, Basler Holzschnittzyklus und ihre Vorgänger im Vergleich. Lizentiatsarbeit (masch.) Basel 1987.

Clier-Colombani, Françoise: La fée Mélusine au Moyen Age. Images, mythes et symboles. Préface de Jacques Le Goff. Paris 1991.

Drittenbass, Catherine: Aspekte des Erzählens in der Melusine Thürings von Ringoltingen. Dialoge, Zeitstruktur, und Medialität des Romans. Heidelberg 2011.

Eisenbart, Liselotte Constanze: Kleiderordnungen der deutschen Städte zwischen 1350 und 1700. Ein Beitrag zur Kulturgeschichte des deutschen Bürgertums. (Göttinger Bausteine zur Geschichtswissenschaft, 32). Göttingen 1962.

Eulenspiegel trifft Melusine. Der frühneuhochdeutsche Prosaroman im Licht neuer Forschungen und Methoden. Akten der Lausanner Tagung vom 2. bis 4. Oktober 2008. Herausgegeben von Catherine Drittenbass und André Schnyder in Zusammenarbeit mit Alexander Schwarz. Amsterdam 2010.

Günthart, Romy: Deutschsprachige Literatur im frühen Basler Buchdruck (ca. 1470–1510) (Studien und Texte zum Mittelalter und zur frühen Neuzeit, Bd. 11). Münster 2007.

Harf-Lancner, Laurence: L'Illustration du Roman de Mélusine de Jean d'Arras dans les éditions du XVe et du XVIe siècles, in: Le livre et l'image en France au XVIe siècle. Paris 1989.

Hespers, Simone: Das Repräsentationssystem Bild im gedruckten Buch. In: Daphnis 39 (2010), S. 135–220.

Kania, Karin: Kleidung im Mittelalter. Materialien, Konstruktion, Nähtechnik. Ein Handbuch. Köln/Weimar/Wien 2010.

Kellner, Beate: Melusine. Dämonin, Schlange, Spitzenahn. In: Mythen Europas. Schlüsselfiguren der Imagination. Renaissance. Hg. von Christine Strobl u.a. Regensburg 2006, S. 157–173.

Kyriß, Ernst: Verzierte gotische Einbände im alten deutschen Sprachgebiet, Bd. 1, Stuttgart 1951.

Müller, Jan-Dirk (Hg.): Romane des 15. und 16. Jahrhunderts. Nach den Erstdrucken mit sämtlichen Holzschnitten (Bibliothek der frühen Neuzeit Abt. 1. Literatur im Zeitalter des Humanismus und der Reformation 1/Bibliothek deutscher Klassiker 54). Frankfurt a. M. 1990.

Koschatzky, Walter: Die Kunst der Graphik. Technik, Geschichte, Meisterwerke. München 1999.

Parshall, Peter W. u. a. (Hg.): Die Anfänge der europäischen Druckgraphik. Holzschnitte des 15. Jahrhunderts und ihr Gebrauch. (National Gallery of Art, Washington, 4. September – 27. November 2005. Germanisches Nationalmuseum, Nürnberg, 15. Dezember 2005 – 19. März 2006). Katalog. Nürnberg 2005.

Rapp Buri, Anna, Stucky-Schürer, Monica: zahm und wild. Basler und Straßburger Bildteppiche des 15. Jahrhunderts. Mainz 1990.

Saurma-Jeltsch, Lieselotte E.: Spätformen mittelalterlicher Buchherstellung. Bilderhandschriften aus der Werkstatt Diebold Laubers in Hagenau. 2 Bände. Wiesbaden 2001.

Schneider, Karin: Thüring von Ringoltingen. Melusine. Nach den Handschriften kritisch herausgegeben von Karin Schneider (= Texte des späten Mittelalters H. 9). Berlin 1958.

Schramm, Der Bilderschmuck der Frühdrucke, 23 Bände. Leipzig 1921–1943.

Steinkämper, Claudia: Melusine – vom Schlangenweib zur ‚Beauté mit dem Fischschwanz'. Geschichte einer literarischen Aneignung, Göttingen 2007.

Thüring von Ringoltingen. Melusine (1456). Nach dem Erstdruck Basel: Richel 1473/74 herausgegeben von André Schnyder in Verbindung mit Ursula Rautenberg. 2 Bände. Wiesbaden 2006.

Die Melusine. Aufsatzband zur Tagung »Typographie, Text und Bild – Zeichensprachen des literarischen Buches in der frühen Neuzeit«. Hg. von Ursula Rautenberg, Mechthild Habermann, Hans-Jörg Künast und Heidrun Stein-Kecks, Berlin 2012 (im Druck).

Die Überlieferung der „Melusine" des Thüring von Ringoltingen. Quellenbibliographie und interdisziplinärer Kommentar. Hg. von Hans-Jörg Künast und Ursula Rautenberg in Verbindung mit Martin Behr und Benedicta Feraudi. Berlin 2012 (in Druckvorbereitung).

Abbildungsnachweis

Abb. 1: Jean Longnon; Raymond Cazelles: The Très Riches Heures of Jean, Duke of Berry. New York 1969, Taf. 4.

Abb. 2, 23, 36, 41: Nürnberg, Germanisches Nationalmuseum: GNM Hs 4028; URL: http://forschung.gnm.de/ressourcen/bibliothek/01_htm/hs4028.htm. Letzter Aufruf: 27.6.2011.

Abb. 3: URL: http://www.thomas-jean-lehner.de/melusine.html. Letzter Aufruf: 23.7.2012.

Abb. 4: URL: http://gallica.bnf.fr/ark:/12148/btv1b90631148/f8.item. Letzter Aufruf: 16.8.2012.

Abb. 5, 15, 40: DFG-Projekt „Die ‚Melusine' des Thüring von Ringoltingen." Friedrich-Alexander-Universität Erlangen-Nürnberg (12/2007-03/2011).

Abb. 6, 22, 24: Basel, Universitätsbibliothek: O.I.18. DFG-Projekt „Die ‚Melusine' des Thüring von Ringoltingen." Friedrich-Alexander-Universität Erlangen-Nürnberg (12/2007-03/2011).

Abb. 7, 25, 27, 32, 35: Thüring von Ringoltingen. Melusine (1456). Nach dem Erstdruck Basel: Richel 1473/74 hg. von André Schnyder in Verbindung mit Ursula Rautenberg. 2 Bände. Wiesbaden 2006. Bd. 1, S. 107, 71, 94, 56, 13.

Abb. 8, 31: URL: http://aleph.vkol.cz/F/SR9E36258TLQTIIFENH8RJ2UIRTTVFI5MVKCIAV2DQH2T39MQ9-66194?func=full-set-set&set_number=001969&set_entry=000006&format=999. Letzter Aufruf 25.7.2012.

Abb. 9, 30, 42: URL: http://lcweb2.loc.gov/cgi-bin/ampage?collId=rbc3&fileName=rbc0001_2007rosen0356page.db. Letzter Aufruf 25.7.2012.

Abb. 10, 37: Permalink: http://diglib.hab.de/drucke/lm-2f-17/start.htm?image=00062 und =00289.

Abb. 11, 38: Schramm, Albert: Der Bilderschmuck der Frühdrucke. Bd. 19: Die Straßburger Drucker 1. Leipzig 1936, Nr. 305, 317.

Abb. 12, 16, 18, 34: Schramm, Albert: Der Bilderschmuck der Frühdrucke. Bd. 3: Die Drucke von Johann Bämler in Augsburg. Leipzig 1921, Nr. 157, 160, 637, 154.

Abb. 13, 14: Schramm, Albert: Der Bilderschmuck der Frühdrucke. Bd. 20: Die Strassburger Drucker 2. Leipzig 1937, Nr. 1619, 1641.

Abb. 17, 19: Schramm, Albert: Der Bilderschmuck der Frühdrucke. Bd. 4: Die Drucke von Anton Sorg in Augsburg. Leipzig 1921, Nr. 2325, 2353.

Abb. 20, 33: Thüring von Ringoltingen. Melusine (1456). Nach dem Erstdruck Basel: Richel 1473/74 hg. von André Schnyder in Verbindung mit Ursula Rautenberg. 2 Bände. Wiesbaden 2006. Bd. 2, S. 98, 96.

Abb. 21: Hespers, Simone: Das Repräsentationssystem Bild im gedruckten Buch. In: Daphnis 39 (2010), S. 135–220, S. 220.

Abb. 26, 28: Darmstadt, Universitäts- und Landesbibliothek: Inc. IV 94.

Abb. 29, S. 71, 89, 123: Schramm, Albert: Der Bilderschmuck der Frühdrucke. Bd. 21: Die Drucker in Basel 1. Leipzig 1938, Nr. 349, 345, 354, 371.

Abb. 39: Schramm, Albert: Der Bilderschmuck der Frühdrucke. Bd. 4: Die Drucke von Anton Sorg in Augsburg. Leipzig 1921, Nr. 2342.